# 九州観光学

――九州の観光を読み解く――

千　相哲【編著】

晃洋書房

# は し が き

　地方創生の柱の1つとして観光産業への期待が大きい．国の主要統計指標の中で観光，特に訪日外国人の増加は著しく，今後もその成長が続くと見込まれている．現在，多くの地域が人口減少に歯止めをかけ，活力を取り戻す手段として観光振興に取り組んでいる．しかしながら，地方が観光産業の振興を通して地域の活性化や雇用創出を実現することはそう簡単なことではない．観光客の行動である，移動する，泊まる，食べる，買う，体験するなど全てにおいてサービスが提供できる地域もあれば，立ち寄り型観光地のように観光行動の一部にしか対応できない地域もある．特に立ち寄り型観光地では，観光客の滞在時間や観光消費額の増大につながる観光まちづくりに力を入れている．ここで大事なのは地域が市場動向を的確に把握し，地域ぐるみで地域固有の魅力と強みを活かすことである．

　九州の観光は，国内観光と国際観光どちらにおいても全国の動向とは大きく異なる．まず，国内観光においては域内観光客の割合が他の地域と比べて高く，域外からは関東圏と関西圏からの割合が高い．国際観光においては，九州はアジアへの近接性という立地の特性から，アジアからの観光客の割合が高く，特に交通アクセス面で比較的優位にある韓国からの観光客が外国人観光客全体の半分以上の割合を占めている．もう1つの特徴は，近年中国の沿海地域を発着とする大型クルーズ客船の寄港が大幅に増加し，外国人旅行客の増加による観光振興への期待が高まっているが，クルーズを中心に海港からの入国者が全体の半数を占めるに至っている点である．九州は，空港，高速道路，鉄道などの高速交通体系が整備され，国内・海外からのアクセス，域内移動が容易であるため，観光圏としてもその発展可能性が大きい．アジアに目を向ければ環黄海・東シナ海を中心とした東アジア1日観光交流圏の形成が着実に進んでいる．

　観光を取り巻く環境が目まぐるしく変化している．その1つが観光振興に向けたICT利活用の加速である．そして，グローバル化の継続的な進展の中で，国際観光交流量の確実な増大である．このような時代であるからこそ九州の地域性を大事にしながら1つの観光圏として深化を遂げていく必要がある．地方経済においてサービス産業の依存度の高い九州では，観光関連のサービス産業

を更に発展させていくことが社会経済の発展に欠かせない．それを実現させるためには九州の観光魅力の多様性を効果的に組み合わせ，ブランディングを高め，外国人観光客の誘致が有利になる対策を講じると同時に，高付加価値化・生産性向上に向けた取り組みが必要である．それを担うのは人であり，仕事の創出や観光資源の活用など，地域社会の持続や発展を支えるグローカリスト，即ちグローバルに考えてローカルに行動する人材の育成が重要である．常に身近にあるものの価値に目を向け，地域に根ざして行動する人材が求められている．

　本書は，全国の観光の動向と異なり，独自の発展を遂げてきた九州の観光振興の理解を高めるとともに，今後の九州観光の発展に必要な視点や考え方など，研究の糸口を与えることを意図して編集されたものである．編者としては，読者が本書を通して九州の観光を観る目を養い，九州地域の自然，歴史，文化，社会に今以上に関心を持ち，地域の魅力の再発見，地域活性化への関心のきっかけとなることを期待したい．

　最後に，本書を取りまとめるにあたって，短時間であったにもかかわらず，専門的で的確なアドバイスをいただいた晃洋書房編集部の丸井清泰氏に心から謝意を表したい．

　　　2018年4月2日

　　　　　　　　　　　　　　　　　　　　　　　　　　　編　　者

目　　次

はしがき

## 第1章　現代の観光と観光学 …………………………………………… *1*
　　1　観光の定義　　(*2*)
　　2　あなたは旅派？　旅行派？　(*3*)
　　3　レジャーとレクリエーションと観光　(*4*)
　　4　観光が発生するための条件　(*5*)
　　5　観光による効果と影響　(*5*)
　　6　観　光　学　(*8*)
　　　　――学際的な視点――

## 第2章　修学旅行は謎だらけ!? ……………………………………… *13*
　　　　――修学旅行から日本の観光文化と大衆化を考える――
　　はじめに　(*14*)
　　1　留学生のコメントから　(*14*)
　　　　――中国には修学旅行が無い!?――
　　2　日本人学生のコメントから　(*16*)
　　　　――3つの疑問――
　　3　謎を（少しだけ）解き明かす　(*20*)
　　おわりに　(*24*)

## 第3章　観光資源と観光地 …………………………………………… *28*
　　1　観光資源，観光地とは何か　(*29*)
　　2　九州の観光地の変遷　(*33*)
　　3　九州の観光地の現状と課題　(*41*)

## 第4章　九州の温泉地域と地域振興 ………………………………… *47*
　　1　温泉地域の状況　(*48*)

2　九州地方の温泉地域の状況　(49)
　　3　国民保養温泉地　(50)
　　4　九州地方の事例　(52)
　　5　温泉地域の地域振興　(55)

第5章　観光と交通 ………………………………………… 60
　　1　観光と交通の関係　(61)
　　2　九州の観光と交通　(61)
　　3　公共交通機関の役割　(65)
　　4　九州の交通ネットワークと観光　(65)
　おわりに　(73)

第6章　観光ビジネスと経営戦略 ………………………… 75
　はじめに　(76)
　　1　観光ビジネスとは　(76)
　　2　観光ビジネスにおける経営戦略　(81)

第7章　観光行動とマーケティング ……………………… 90
　　　　──九州における観光行動の変化──
　はじめに　(91)
　　1　観光行動とは　(91)
　　2　九州における観光行動の変化　(92)
　おわりに　(108)

第8章　ホテル経営の基礎と人的資源 …………………… 110
　　1　ホテル経営の基礎　(111)
　　2　観光産業における人的資源　(116)

第9章　旅行業の仕組みと取り巻く環境の変化 ………… 121
　はじめに　(122)
　　1　旅行業の仕組み　(122)
　　2　旅行業を取り巻く環境　(127)

3　旅行業者の経営動向と課題　(*130*)
　　おわりに　(*137*)

## 第10章　サービスビジネスの基礎と仕組み……………………… *139*
　　　1　サービスの基礎を理解する　(*140*)
　　　2　サービスの仕組みを理解する　(*144*)
　　　3　加賀屋のサービスの仕組み　(*146*)
　　おわりに　(*149*)

## 第11章　顧客志向のサービスマネジメント…………………… *152*
　　はじめに　(*153*)
　　　1　顧客志向のサービスマネジメントの事例　(*153*)
　　　2　黒川温泉と加賀屋の比較による顧客志向の
　　　　　サービスマネジメントの特徴　(*159*)
　　おわりに　(*160*)

## 第12章　世界遺産とは何か……………………………………… *163*
　　　1　世界遺産とは　(*164*)
　　　2　日本の世界遺産　(*167*)
　　おわりに　(*176*)

## 第13章　九州とアジア観光……………………………………… *180*
　　　1　アジアの地域区分　(*181*)
　　　2　日本の国際観光と訪日外国人旅行　(*182*)
　　　3　訪日外国人旅行者の全国と九州の動向　(*184*)
　　　4　アジア大交流時代の到来　(*188*)

　　索　　引　(*193*)

# 第 1 章
## 現代の観光と観光学

◎要約　戦後の高度経済成長を背景に国民の可処分所得と余暇時間が増加し，さらに高速道路の建設や新幹線の整備など観光の基盤である交通が発達したことにより，観光が飛躍的に発達した．今後も企業のグローバル化が継続的に進展することにより，海外における事業活動領域が急激に拡大し，国境を越えた人，モノ，サービス，お金，情報の移動も急増していくと思われる．観光は楽しみを目的とする旅行である．観光学は，非日常体験を楽しむ観光という行為を社会現象として捉え，観光と人，地域，ビジネス，政策との関連性や観光に関する諸事象を研究する学際的学問である．観光の対象や観光者のニーズが時代とともに変化している様子を捉えることも観光学において重要であることは言うまでもない．中でも観光の語源とされる「観国之光」に係る意義を吟味する必要がある．観光客の観る行為と受け入れる地域側の示す行為の相互作用に注目してほしい．

学習の課題
1．「観国之光」の意義について調べてみよう．
2．旅と旅行と観光の関係性について調べてみよう．
3．観光旅行者の観る対象の変化について調べてみよう．
4．「観る」と「示す」の関係について調べてみよう．

**keyword**
観国之光，観光，ツーリズム，旅，旅行，レジャー，レクリエーション，観光学，学際的学問，世界観光機関（United Nations World Tourism Organization, UNWTO）

# 1 観光の定義

　観光とは何か．日本においては，観光に関する重要事項に対して調査・審議する観光政策審議会の答申（1994年）の中で示された「余暇時間の中で，日常生活圏を離れて行う様々な活動であって，触れ合い，学び，遊ぶということを目的とするもの」が標準的な定義とされている．「光」を「観る」という行為に留まらず，「触れ合い，学び，遊ぶ」ことを目的とする，より広い範囲の行動や活動が概念規定に反映されている．

　「観光」の概念は時代とともに変化してきている．「観光」という言葉は，中国の四書五経の1つ「易経」の一文である「觀國之光　利用賓于王」（国の光を観る，もって王に賓たるに利あり）が語源とされる．日本では明治時代，「觀國之光」の「光」とは国の文物や制度など，「誇るべきもの」を意味し，それを観察，視察する公式的な言葉として使われ，旅行に近い「漫遊」と区別されていた．当時は「観光」と「漫遊」，そして「遊覧」の3つの用語があったが，外貨を獲得する必要性が高まった戦後復興の時代にこれらの3つに係わるビジネスが「観光」に収れんされ，今日に至っている．日常用語として観光を，「楽しみを目的とする旅行」とする向きがあるが，これは英語のサイトシーイング（sightseeing）に近い［溝尾 2003］．

　日本では観光をツーリズム（tourism）と訳す．Tourismは，tourという語に主義，主張，学説，傾向，特性などを表す接尾辞 -ismのついた合成語であるが，tourは〈ろくろないしは円〉を意味するラテン語の「tornare」やギリシャ語の「tornos」から出た語で，「ぐるっと回ること」を意味する．世界観光機関（United Nations World Tourism Organization, UNWTO）のツーリズムの定義は，「続けて一年を超えない範囲で，レジャーやビジネス，あるいはその他の目的で日常生活圏外の地に旅行する人々の諸活動」を指し，訪問地で報酬を得ないことが条件となっている．観光政策審議会の定義と同様に「空間」（日常生活圏外），「時間」（余暇時間）と「目的」により規定されている．

　観光客の観光行動を規定する概念を狭義の観光とし，観光行動とそれを可能にする事業活動，さらに観光者を受け入れる地域との諸関係など関連事象を含めた意味を広義の観光とすることができる．日本では狭義の観光がサイトシーイングに当てはまり，広義の観光をツーリズムとすることが可能である．ツー

リズムは，人びとが行う旅行の行動，特性を意味し，それに伴う観光対象や観光事業などを社会現象として捉えた語である．

## *2* あなたは旅派？ 旅行派？

### 1 昔の旅

　旅に出るという行為は伝統的に伊勢参り，熊野詣のように古くからあった．江戸時代，旅行の諸条件が整うまでは，庶民の旅は今と違って道中の危険が多く，一度旅に出たら帰郷する保障もなかったため，旅立ちには水盃で別れを惜しむこともあったという．「かわいい子には旅をさせよ」という格言があるが，子供がかわいいのならば，甘やかして，そばに置くのではなく，苦労を経験させる意味で，旅をさせなさいという教えである．つまり，旅は苦行であり，旅に危険は付きものであった．

### 2 旅行の始まり

　昔の人が旅をするということは危険と苦労が伴うものだったが，庶民の間に貨幣経済が普及し，交通，宿泊などのインフラが整備され，また治安の改善，旅の案内書の発行など，旅行の諸条件が改善されることによって，次第に旅の苦労や危険が取り除かれるようになる．旅行という形態が大衆化したのは江戸時代からであるが，定着農耕民（自分の生まれた村の外には死ぬまで一歩も足を踏み出したことのない人・柳田国男）で旅に出ることを嫌がった日本人の多くが初めて旅行と名のつくものをしたのは，明治19年，修学旅行の嚆矢といわれる東京師範学校の「長途遠足」からである［浜野 2004］．この修学旅行は千葉県の銚子方面への12日間の徒歩遠足で，楽ではなかったに違いないが，旅に伴う危険をはらんだものではなかった．やがて修学旅行をはじめ，商用旅行，家族旅行，視察旅行など，旅行の動機と形態が多様化していく．その中で旅行の目的がより具体的になったことで，それを手伝う旅行ビジネスも台頭，発達するようになった．

### 3 現代の旅

　最近の旅行会社の旅行パンフレットなどを見ると，出発から帰着までの行程が決まっている旅行にも旅の言葉が多く使われている．観光の大衆化・大量化

を特徴とするいわゆる「マス・ツーリズム」時代はバブル経済が崩壊する80年代末まで続いたが、その後は、団体旅行から個人旅行へとシフトし、それに伴って観光旅行のニーズも大きく変わり、個人の嗜好を重視する旅行商品が求められるようになった．また旅行経験が豊富な人々が増え、旅行マーケットが成熟していくにつれて、未知や偶然との出会いなど、旅行者にロマンを感じさせ、よりわくわく感を醸し出す表現が求められ、旅という事場が広まっていった．

### 4　旅行と観光

何らかの目的で日常生活圏を離れて行う旅行のうち、光を観るのが目的の旅行（楽しみを目的とする旅行）が観光である．つまり、何らかの目的を持って行う旅行のうち、観る、交流する、体験する、学ぶなどの対象が明確で、それを楽しむ目的のある旅行が観光である．その対象が光であり、観光資源となる．光には通説的に風物、産物、人物があるが、光となる資源は、人々の観光活動のために利用可能なものであり、自然や歴史、文化など地域のあらゆるものが資源となりうる．

## 3　レジャーとレクリエーションと観光

観光政策審議会による答申（1969年）の中で示された観光の定義は、「自己の自由時間（＝余暇）のなかで、鑑賞、知識、体験、活動、休養、参加、精神の鼓舞等、生活の変化を求める人間の基本的欲求を充足するための行為（レクリエーション）のうち、日常生活圏を離れて異なった自然、文化等の環境のもとで行おうとする一連の行動」となっている．前述の同審議会が1994年に出した観光の定義と比べると対象行動がかなり細かく、特に余暇、レクリエーションとの関係性が規定されている．

レジャーは時間概念と活動概念として使われている．レジャーを時間概念として捉えると、レジャーは労働や生活必需時間のあとに残っている時間で、「自由裁量時間」である．レクリエーションはレジャーの中で行われる諸活動であるが、観光と違う点は日常生活圏を離れることが観光の前提である反面、レクリエーションにおいては日常生活圏内か圏外かを問わない．しかし、日常生活圏外でのレクリエーションと観光との区別が難しいため、観光を所管する国土交通省などは「観光レクリエーション」という語を用いている．つまり、観光

は余暇時間の中で行われるレクリエーションの1つの形態と言える．以上のことから，観光の概念は，一方ではレジャーとレクリエーションと区別され，他方では旅，旅行と区別される．

## 4　観光が発生するための条件

　戦後の高度経済成長を背景に国民の可処分所得と余暇時間が増加し，さらに高速道路の建設や新幹線の整備など，観光の基盤である交通が発達したことにより，観光が飛躍的に発達した．観光と旅行は日常生活圏を離れて行う行動であるため，移動のための交通手段を利用し，日常生活圏外の目的地で泊まったり，食事をしたり，お土産などを購入する消費活動を行う．観光旅行も消費活動の一部であるため，消費においては可処分所得の変化に作用されるところが大きく，レジャー市場の変化もレクリエーションの選択に影響する．また，余暇時間の中で行われる観光旅行は，まとまった時間を必要とするため，余暇時間の増減に大きく影響される．つまり，可処分所得（実収入－税・社会保険料等非消費支出）と余暇時間が観光需要と密接に関係しているのである．

　所得と時間の他に重要な条件の1つが観光旅行の欲求である．そもそも観光旅行に興味関心がなければ自分の意志で観光旅行に参加することはないからである．『じゃらん宿泊旅行調査2017』によると，調査実施13回目の2016年度（2016年4月～2017年3月）の宿泊旅行実施率は54.8％で，調査開始以来過去最低となっている．全数調査ではなく，特定の宿・ホテル予約サイトの利用者を対象としたものであるため偏りがあると思われるが，凡そ日本国民の半分ちょっとが宿泊旅行に参加している．観光庁の「旅行・観光消費動向調査平成28年年間値（確報）について」によると，日本人国内延べ旅行者数は6億4108万人（前年比6.0％増）となり，うち宿泊旅行が3億2566万人（前年比4.0％増），日帰り旅行が3億1542万人（前年比8.1％増）となっている．

## 5　観光による効果と影響

　観光がもたらす効果は経済・社会，国際関係など多方面にわたっているが，必ずしもそれがプラスにだけ働くとは限らず，地域，状況によってはマイナスの影響を及ぼすこともある．観光を推し進めるに当たっては，これらの効果と

影響を十分に踏まえることが必要である．

## 1　経済的効果

　観光という現象が国・地域に注目されるのは，観光客が消費するお金が受入地域社会に税収効果，経済効果をもたらすからである．日本でも明治時代に外国人の観光消費が外貨の獲得につながり，国際収支を改善する効果として「見えざる輸出」と称された．観光交流が活発になると，国際収支のみならず国・地域の経済活性化，雇用創出効果が期待できる．まず，観光開発や整備による関連施設の建設，交通インフラの改善など初期投資効果が見込まれる．観光地としての整備後にはプロモーション，施設の運営など観光関連事業の経営にかかわる効果とそれによる所得効果，雇用効果，税収効果が生まれる．さらに観光は複合産業とも言われ，地域のあらゆる産業と結びつきが強いため地域内の関連産業に波及し，地域内外の産業へ原材料・サービスなどへの仕入・支払いが生じ，地域内外の関連する他産業へと経済的効果を及ぼす．

## 2　教育的効果

　旅にまつわる諺として人に何度も聞くより，一度実際に自分の目で見る方が確かでよくわかるという教えの"百聞は一見に如かず"，交通や宿などのインフラが十分整備されておらず旅がつらくきびしかった時代の"可愛い子には旅をさせよ"などがある．観光旅行によって非日常体験をすることで自分と向き合う時間を持つことができる．前述の観光の語源である「觀國之光　利用賓于王」はまさに"他国を旅して見聞を広める"を意味していたのである．言うまでもなく，地域の光となる社会文化資源に接し，またその地域住民との交流によって得られる知識の習得は，知的好奇心，学習欲の向上につながるだけでなく，旅行者の人生を豊かにする効果もある．

## 3　社会・文化的効果

　観光には，ホストとゲスト間の異文化の伝達・吸収，相互理解あるいは文化交流促進の効果がある．特に国際観光では，国際平和と国際親善に貢献する．観光に関心をもつことによって受け入れ側と訪れる側との相違性に気づき，自分の住む地域の観光資源を見直すきっかけにもなる．地域への理解を深め，郷土に対する愛着や誇りが育まれる．また，民芸品や特産品の品質向上と地元産

業や伝統芸術の活性化につながり，さらに文化財保護や，自然保護にもつながる．

### 4　健康効果

日常生活圏外への一時的な移動は，休養，体験，鑑賞，学習・研修などを通して心身のリフレッシュ，活力の増進，創造性の開発，自己啓発，人間性の回復などを志向する変化欲求の充足につながる．また，心や体をリフレッシュする森林浴や温泉，観光旅行で訪れる場所，または行動パターンによって様々な健康効果が得られる．但し，旅先での計画的な行動ができたかどうかで効果は異なる．日本旅行業協会が行った「旅と健康」についての調査研究では，「ストレス時に副腎皮質から分泌されるコルチゾールという物質も，旅行中に減少していき，ストレスが低下していく．旅行の最中は免疫力が高まり，肌や生活習慣病，ガンなどの老化予防の効果が期待出来る」との結果が発表されている［日本旅行業協会 2001］．

### 5　負の影響

観光は地域や国の経済，社会へ正の効果だけでなく負の影響を及ぼすこともある．特に観光需要を狙いとした観光地開発による生態系や自然環境の破壊，観光客増加による自然環境へのダメージや文化財の破損，地元住民の生活環境の悪化や観光客のモラルの欠けた行動による地元住民とのトラブルなどが挙げられる．また，地域内の住民間の観光に対する評価の不一致によるコンフリクト（対立，争い）が生じるケースもある．最近では訪日外国人旅行者，クルーズ客が大きく増加しているが，受け入れのキャパを超えてしまうと，宿泊施設の不足による宿泊料金の高騰，交通渋滞が生じ，住民の暮らしに悪い影響を与えることになる．また，宿泊施設の不足を補う民泊が急成長しているが，宿泊客の多くが外国人であるため，貸し出される部屋を利用する際の生活習慣，文化の違いからくる地元住民とのトラブルが報告されている．

# 6 観光学

――学際的な視点――

## 1 観光学研究の始まり

　観光学は観光現象の全体を研究対象とする学際的学問であるが，1940年代前半までは観光学という学問領域は存在せず，知識の集合体としての「論」に過ぎなかった．ヨーロッパ，とりわけドイツ，イタリアにおいて観光による経済効果に関する論説が多く発表されたが，当時のヨーロッパでは，19世紀末からの鉄道の整備によって観光が大衆化したこととフランスでバカンス（長期休暇）が制度化されたことなどを受けて，観光に対する学的関心が刺激されはじめていたに過ぎず，ドイツ語圏における観光による経済効果が研究の中心テーマであった［松山 2016］．そのころの研究の関心は，19世紀末に近代化がはじまったホテルを主とする宿泊業などから，観光業がもつ経済効果へと移って行った．外貨の獲得を目的として外国人旅行者を誘致することが国策となり［岡本 2001］，そのために外国人観光客の観光行動を把握して国際観光の振興に役立てることが目的であった．このような動きは日本でも見られた．日本は日清戦争後の財政支出の拡大がもたらした戦時国債が膨張した時期で，国際的にみても外貨の獲得が大きな関心事であった．小野［2008］によると，大規模な戦争が発生した後には，戦争が終結した後でも戦争前に比べて財政支出が増加する．1890（明治23）年から1916（大正5）年にかけての軍事支出の伸びは財政支出のそれを上回っている．〈來遊外人の消費額〉（『朝日東京』1902年9月23日）の記事を見ると，「外人到着來数＝觀光客＋職務用兼觀光者＋旅行のついでに観光するもの＋寄港者」とあり，観光客と寄港者に分けて消費額を算出している．観光客は純観光，職務兼観光，旅行兼観光に分類した．外国人が日本の風光を賞し美術品を愛し輸入する金額にして総額二千萬園以上に上ると伝えているが，企業物価指数で換算すると現在の300億円に相当する額である．ここでは漫遊客という言葉は使われておらず，旅行に含まれている．しかし，前述のように観光客による観光消費はそれほど大きいものではなかったため，外貨獲得のためには漫遊客も含めた外人客の誘致に力を入れざるを得なかった．昭和に入って前述の国際観光局ができた翌年に「観光客が日本へ落とす金　一年に五千四百万円」という見出しの記事がある（『神戸新聞』1931年1月22日）．これに

よると「(中略) 来遊する外人が日本に落としていく金がどれ位か，ツーリストビューローの調査によると一年間に (中略) 国際観光局の調査によると一ケ年間のホテル宿泊外人の延人員は二十五万四千八百五十人で，宿泊費は一人当たり平均二十円に当るという，(中略)」のように前述の観光客の分類はなく，外人として括られている［千 2015］．

　塩田［1974］によれば人々の移動に伴う消費に関する研究として最古と言われる「イタリアにおける外国人の移動およびそこで消費される金銭について」は，イタリア政府統計局のボディーオ (L. Bodio) が雑誌に発表した論文であるが，19世紀の終りから20世紀の20年代までのアメリカ合衆国からの観光客の増加がヨーロッパ各国から注目され，その動態を分析して対米宣伝を強化し，それによってドル獲得を狙ったのであった．そのための受け入れ環境としてホテルの建設に力を入れるようになるのだが，日本においても1912 (明治45) 年にジャパン・ツーリスト・ビューロー (JTB, 日本旅行協会) が外客誘致と来訪外客への便宜供与を目的とし，鉄道院（国鉄）内に本部をおいて発足した［河西 1990］．1932年から約10年間に，大蔵省預金部資金の長期低利融資によって15の観光ホテルが次々に建設されたが，これは国の国際収支を改善するために，外人客の誘致を促進することが国策として取り上げられたからである［河西 1990: 73］．鉄道省に国際観光局が1930年に設置されたが，その政策の推進は，31年に発足した「財団法人国際観光協会」が担い，それまでJTB内にあった「対米共同広告委員会」の宣伝業務を引き継いで，「観光も絹と並んで輸出品」というスローガンをかかげ，海外への宣伝と海外観光宣伝事務所の運営にあたった．1937年日華事変が勃発してからはその活動地域はアジアを重点とし，日本の国情，国力，文化の宣伝に向けられるようになったが，この時期に大学に観光講座開設の動きがあったほど観光事業に大きな期待が寄せられていた．［各大学に観光講座］という記事に「觀光日本—この觀光事業を科學的に研究すべきだといふので，まづ京都帝大では (中略)，東京では早大 (中略)，慶大，明大等にも同じ研究の気運が起りつゝあると」がある（『東京朝日』1935年11月8日）．

　一方，国内向けにおいては1930年に日本国有鉄道（国鉄）が，当時の不況打開策として国内の旅客誘致をとりあげたことに始まる．この年，鉄道省は旅客誘致を促進するため，各地の温泉を統合する団体として「日本温泉協会」を創設し，また東海道線に特急つばめ号が運転を開始し，季節割引き運賃の実施，団体旅客の誘致などが行われた．しかし，このような活動も太平洋戦争の勃発

で休止状態に追い込まれたことは，国際観光と同様であった［河西 1990］．さらに1941年，太平洋戦争が始まると同協会の活動は事実上困難になり，1942年に国際観光局が廃止され，国際観光行政とこれに関連する機関の活動は事実上中断の形となり，終戦に至る．運輸省鉄道総局業務局旅客課に観光係が復活したのは1945年11月であった［河西 1990］．

　第2次世界大戦後に社会的・経済的理由で観光旅行に参加できない人びとに対する支援のことである「ソーシャル・ツーリズム」が西ヨーロッパ諸国で定着するが［成沢 2001］，1950～60年代に経済的な研究に加えて社会的な研究が進み，アメリカ，スイスなどでのホテル経営などの実学的な研究や立地論的な研究が行われた．その後，先進国を中心に一般大衆の観光旅行への参加が伸び，社会福祉の一環として，またマス・ツーリズムの弊害に対する文化人類学からの批判的検討も加わるなど，観光現象を解釈する学問的理論として経済学から始まり，経営学，地理学，社会学，心理学など，研究対象となる範囲が拡がった．

## 2　これからの観光学

　2010年12月に観光政策審議会の「21世紀初頭における観光振興方策について」への答申がなされるが，ここに次のような記述がある．「「観光」という言葉は，中国の四書五経の1つ「易経」の一文である「観国之光」が語源とされているが，それは「国の文化，政治，風俗をよく観察すること」，「国の風光・文物を外部の人々に示すこと」というような意味・語感を有していたといわれていること等も考えあわせると，いわゆる「観光」の定義については，単なる余暇活動の一環としてのみ捉えられるものではなく，より広く捉えるべきである」．このような考え方を適用しようとした背景には，リーマン・ショックが発生した2008年から成長率のブレが特に目立ちはじめたこと，2000年代に入り北関東，北陸，近畿，九州で人口減少が始まった［内閣府政策統括官室 2008］ことなど，社会経済環境が大きく変化したことがある．地域がその特長や環境条件を活かしながら独自色のある経済圏を形成する必要があり，従来の観光を広く捉え，都市間，都市農村間の交流人口を増やすことなどによる地域活性化に観光が果たす役割が期待されたからである．

　また，観光マーケットの変化も観光概念の拡大につながった．旅行形態が団体旅行から個人旅行へ，遊覧型の物見遊山から体験型へと変化していることや，

個人の旅行志向の多様化が進み，従来型の観光ビジネスや観光業界のあり方では，観光ニーズに応えられないケースが多く出てきたのである．成熟型消費社会では，人々の欲求や関心は，生存・生活維持から社会的なものや自己実現へと変わっていく．また，インターネットの進展で情報化が進み，消費への選択眼がより高度になっていくにつれて，観光旅行スタイルもより細分化，高度化する．単なる価格訴求だけでは受け入れられず，本物志向や経験価値，価格への納得感，環境や安全性への配慮も高まっていく．このような人々の観光旅行ニーズに対応する形としてもう1つの観光形態（alternative tourism），ニューツーリズムとも呼ばれる新しい観光旅行スタイルが注目されている．70年代の大衆観光時代のマス・ツーリズムから，その弊害を抑えた持続可能な，地域主体的なオルタナティブ・ツーリズムへ，そして観光客の多様化・高度化する観光ニーズに対応できる，新しい観光形態としてのニューツーリズムへの流れが強まっている．

世界観光機関（UNWTO）は，持続可能な観光開発に必要な要件として，①環境資源の最適な利用，②ホストコミュニティの社会文化の固有性の尊重，③長期的な経済運営の実行可能性の確保を掲げているが，地域の自然的・社会的・環境的条件に応じて，地域社会を守りながら，観光資源を活かしていくことの重要性が言及されている．

観光を取り巻く社会経済，国際観光の状況の変化を踏まえ，地域の観光魅力や取り組みの現状を把握するとともに，新たに求められる"観光地域づくり"のパラダイムを再構築する必要がある．地域内外のネットワークを生かし共に価値を創造し続ける観光地域づくりを目指すことが求められている．そのためには，観光には観光する側の「観る」行為と受け入れる側の「示す」行為があり，両者が相互作用してこそ完結し，観光事業として成り立つということに注目すべきである．観光を手段として地域活性化を図るためには，ハード面だけでなく地域の伝統，文化を重視し，アイデンティティを追及することが成熟した観光客に対してのアピール力を増し，国際・地域間競争が激化する情勢の中で優位性を保てる要素となる．そのためには地域側が地域の特長を「示す」取り組みが重要になる．

## 参考文献

小野圭司［2008］「明治末期の軍事支出と財政・金融——戦時・戦後財政と転位効果の考

察──」防衛省防衛研究所『戦史研究年報』11.
岡本伸之編［2001］『観光学入門　ポスト・マス・ツーリズムの観光学』有斐閣.
河西静夫［1990］『激動の昭和観光史──一ホテルマンより見たるその裏面──』オータパブリケイションズ.
観光政策審議会答申［1969］「国民生活における観光の本質とその将来像」.
─────［1995］「今後の観光政策の基本的な方向について」（答申第39号）.
じゃらんリサーチセンター［2017］『じゃらん宿泊旅行調査2017』.
千　相哲［2015］「「観光」概念の変容と現代的解釈」『商経論叢』（九州産業大学），56（3）.
塩田正志［1974］「観光研究の成立と展開」，鈴木忠義編『現代観光論』有斐閣.
内閣府政策統括官室［2008］『地域の経済　2008──景気後退と人口減少への挑戦──』.
成沢広幸［2001］「フランス社会とソーシャル・ツーリズム」，多方一成・田渕幸親編『現代社会とツーリズム』東海大学出版会.
日本旅行業協会「旅と健康」に関する調査研究プロジェクト［2001］『旅の健康学的効果事業報告書』.
浜野兼一［2004］「東京師範学校における『長途遠足』の成立過程に関する研究──身体的鍛錬の側面に関する一考察──」『教育学研究科紀要』（早稲田大学大学院），別冊11号-2.
松山利夫［2016］「日本の観光学史──1930年から現在まで──」『平安女学院大学研究年報』17.
溝尾良隆［2003］『観光学　基本と実践』古今書院.
UNWTO（World Tourism Organization）［2004］*Indicators of Sustainable Development for Tourism Destinations: a Guidebook*, Madrid: World Tourism Organization Publications.

# 第2章
## 修学旅行は謎だらけ!?
── 修学旅行から日本の観光文化と大衆化を考える ──

◎要約

　「大学で学問として観光を学ぶ」と聞くと堅苦しい印象をもつかもしれない．もちろん，大学である以上は，いずれは専門的な知識をしっかりと身につけなければならない．しかし，まずは「観光を学問として学ぶことは，面白い!!」と実感してもらうことが，出発点として何より重要であると私は考えている．
　ここで，学生諸君の誰もが身近に感じられる格好のテーマがある．それは，「修学旅行」である．「○○旅行」はいろいろとあるが，現代の日本人のほぼすべてが経験しているという点で，修学旅行ほど共通体験となっているものは他にない．実は，修学旅行には，ちょっと考えてみると不思議なことがたくさん潜んでいる．日本人学生にとってこれほど身近で興味深いテーマはほかにない．また，修学旅行は世界的に当たり前というわけではないので，留学生にとっても非常に興味深いテーマである．
　そこで本章では，まずは観光を学問として学ぶことの楽しさ・面白さを実感してもらうことを最大の目標として，他の章とは異なり「紙上講義」のスタイルを採用したうえで，修学旅行を題材として日本の観光文化や旅行の大衆化の特徴について考察することとしたい．

学習の課題
1. 修学旅行は日本人のほとんどに共通する旅行経験であるが，本章の内容からわかるように，地域によって行先などに違いがある．例えば本章では九州地方の傾向が明らかになったが，東北地方ではどうなのだろうか？また，現代では修学旅行で新幹線や航空機の利用が普通になったが，そのような交通機関が使用できなかった昔の修学旅行はどうだったのだろうか？　自分と出身地あるいは世代が異なる人に修学旅行についてインタビュー取材をして，自分自身の経験と比較してみよう．
2. 修学旅行に関連する論点を設定して，一緒に受講している他の学生たちやゼミナールの仲間たちとディベートを行ってみよう．
　　（例）「修学旅行で平和学習をする必要はある？　ない？」
　　（例）「そもそも修学旅行は必要？　不要？」

**keyword**
修学旅行，観光文化，団体旅行，観光・旅行の大衆化

## はじめに

　皆さん，こんにちは．この講義には，小さな目標と大きな目標が1つずつあります．

　小さな目標は，日本人のほとんどが経験する修学旅行というものが，よく考えてみると謎だらけだということに気づいてもらうことです．その謎について考えていくと，日本の観光文化や旅行の大衆化の重要な特徴がいろいろと見えてきます．

　大きな目標は，観光学にかぎらず学問全般において，もっとも大切なことは，「疑問」「謎」との出会いであると気づいてもらうことです．修学旅行のように誰もが「当たり前」と思っているものでも，ちょっと考えたり調べたりしてみるだけで，実は驚くほどたくさんの疑問や謎が湧き出てきます．高校までの勉強は「誰かが用意した問題を解かされて正解を答える」というのが基本的なイメージだったと思いますが，大学での学問は「疑問」「謎」と出会うことが出発点となります．それがわかるようになると，観光学にかぎらず大学での学びがとても刺激に満ちたものになります．

　この紙上講義では，これまでに私の講義を受講した数多くの学生たちの発言やコメントを活用しながら，修学旅行がいかに謎に満ちたものであるのかを明らかにしていきます．謎が出てきたらそれを解き明かしたくなりますよね．でも，この講義で私が謎解きをしてみせるのは，ほんのわずかにとどめます．謎解きというのは，他人がするのを見ているよりも，自分自身でチャレンジする方が，はるかに楽しいものですから．

　それでは，修学旅行の謎を発掘していきましょう！

## 1　留学生のコメントから

——中国には修学旅行が無い!?——

　家族旅行，新婚旅行，社員旅行など，「〇〇旅行」はいくらでもありますが，修学旅行ほど日本人の共通体験となっているものは珍しいでしょう．実際，講義で挙手アンケートをすると，修学旅行は日本人であればほぼ全員が経験しています（もちろん，部活の全国大会と重なったとか，体調不良になって行けなかったとい

う例外はありますが……）．

　今，「日本人であれば」と言いました．それでは，日本人以外はどうでしょうか？　私の講義は留学生も受講しますが，なかでもとくに多い中国人留学生の皆さんに「あなたの出身国には修学旅行（のようなもの）はありますか？」と質問すると，すごく面白い答えが返ってきました．

> <u>中国には修学旅行はないが</u>，高校の卒業試験のあと，担任の先生も誘って，クラス全員が2泊3日で旅行した．徹夜で飲んだり，3年間の思い出を語ったり，遊んだりした．（中国人留学生Rさん）[1]

　まず注目すべきは最初の言葉ですね．日本人は修学旅行は当たり前と思っていますが，なんとお隣の中国には無いという答えが返ってきました．ただし，「じゃあ，修学旅行は日本だけなんだ！」と早とちりしてはいけません．同じくお隣の国である韓国には修学旅行があります．2014年4月には，旅客船セウォル号の沈没事故で修学旅行中の高校生が多数犠牲になるという大変痛ましい事故が起こりました．

　中国には修学旅行が無いと答えたRさんですが，そのかわり高校の卒業旅行の思い出を書いてくれました．ここで必ず「中国では高校を卒業してすぐにお酒が飲めるの？」という疑問が日本人学生から出てきます．その疑問には別の中国人留学生が答えてくれました．

> 中国では，高校を卒業したら成人なので，先生を誘って旅行に行って，みんなで先生に酒を飲ませてつぶしました．悪いことをしました．（中国人留学生Kさん）

　疑問が解消しましたね．ついでに書かれたエピソードにはビックリしてしまいますが（笑），あくまでもKさん個人のエピソードですから，中国人の一般的な体験だと決めつけないようにしましょう．そして，真似はしないでくださいね（笑）．

　さて，中国人留学生から見ると，日本の修学旅行というのはどのように映るのでしょうか．

> 私の日本人の友人は，よく修学旅行の写真を見せて思い出を楽しそうに話してくれます．<u>中国にも修学旅行があったらいいな</u>と思います．（中国人留

学生Kさん)

　修学旅行は参加して当たり前という感覚の日本人には，この意見はとても新鮮に聞こえますね．Kさんは日本人の友人と話すうちに，日本の修学旅行がうらやましく思えてきたようです．
　以上，3人の中国人留学生のコメントを紹介しましたが，どうでしょうか？日本人がごく当たり前だと思っている修学旅行は世界共通のものではないということがよくわかったと思います．日本人学生の皆さん，ぜひ在学中に留学生と友人になって，色々と話してみてください．観光にかぎらず色んなことについて，たくさんの新鮮な「発見」が生まれるはずです．大学での学びは教室のなかだけではありません！

## 2　日本人学生のコメントから
――3つの疑問――

　次に，これまで私の講義を受講した学生の皆さんが書いてくれたコメントを手がかりに，謎を掘り起こしていきましょう．修学旅行をめぐる謎は数えきれないほどあるのですが，ここでは3つのポイントに絞ってみていきます．

### 1　疑問①

　私はある講義で日本人受講生を対象に「小・中・高の修学旅行でどこに行きましたか？」というアンケートを実施したことがあります．その結果が**表2-1**です．
　私はこのアンケート結果を翌週の講義で配布して，受講生の皆さんにコメントを書いてもらいました．まず注目が集まったのが，小学校の修学旅行の行先と内容です．

> 小学校の修学旅行で長崎に行ったとき，原爆被害の写真を見てとても衝撃を受けたのを今でも覚えています．（Yさん）

　私が教えている大学の受講生は九州各県の出身者がほとんどなのですが，この地域では小学校の修学旅行の行先として長崎が圧倒的にメジャーであることが表や多数のコメントからわかりました．長崎は，もちろんグラバー園など純

表2-1　修学旅行で訪れた都道府県・国

(単位：人)

| 都道府県（国） | 小学校 | 中学校 | 高校 | 備考 |
|---|---|---|---|---|
| 北海道 | | | 8 | |
| 群馬 | | | 1 | |
| 千葉 | | | 1 | 東京ディズニーランド |
| 東京 | | | 12 | ・東京単独ではなく「東京＋α」タイプが多い。とくに「東京＋長野」が目立つ。<br>・東京ディズニーランドが複数あり（ただし正確には千葉県） |
| 神奈川 | | | 1 | |
| 新潟 | | | 4 | スキー |
| 富山 | | | 1 | |
| 石川 | | | 1 | |
| 長野 | | | 12 | スキー |
| 京都 | | 30 | | |
| 奈良 | | 21 | | |
| 大阪 | | 16 | 3 | ・ユニバーサル・スタジオ・ジャパン<br>・「京都＋奈良＋大阪」のセットが多数。 |
| 兵庫 | | 3 | | |
| 鳥取 | | 2 | | スキー |
| 島根 | | 1 | | スキー |
| 岡山 | 1 | 3 | | |
| 広島 | 1 | 2 | | |
| 福岡 | 1 | 1 | | |
| 長崎 | 39 | 2 | | |
| 大分 | 1 | | | |
| 熊本 | 3 | 1 | | |
| 宮崎 | | 1 | | |
| 鹿児島 | 2 | 1 | | |
| 沖縄 | 1 | 3 | 7 | |
| 韓国 | | | 4 | |
| シンガポール | | | 2 | |
| オーストラリア | | | 1 | |
| アメリカ合衆国 | | | 2 | |

（注1）上記の学生はほとんどが九州各県の出身者である．
（注2）回答者が皆無であった府県・国は記載していない．
（出所）筆者担当の講義「観光社会学」（九州産業大学商学部観光産業学科2016年度後期開講）の日本人受講学生53名を対象に実施したアンケート（複数回答可）．

粋に楽しめる観光スポットも訪れますが，原爆に関連した場所を訪れて平和の大切さを学ぶというのが定番です．私は高校生の頃まで長崎市内の平和公園の近くに住んでいましたが，修学旅行の団体をよく見かけたのを覚えています．ただ，ちょっと考えてみると，不思議だと思いませんか？　次のコメントをみてみましょう．

　　　修学旅行には絶対に平和学習を入れなければならないのか？（Kさん）

　小学校で学ぶことはたくさんありますね．それなのに，なぜ平和学習が小学校の修学旅行で最も重視される内容になっているのでしょうか？　よく考えてみると不思議だと思いませんか？　さらに，小学校は遠距離の修学旅行はしないのが全国的に一般的ですから，「小学校の修学旅行で長崎を訪れるのが当たり前」というのは，実はほぼ九州地方だけです．例えば，東北地方の小学校の修学旅行はどこに行っているのでしょうか？
　次に中学校の行先をみてみましょう．すぐにわかるように，京都・奈良・大阪が定番となっていますね．すると，当然次のような疑問がでてきます．

　　　表をみると，京都・奈良・大阪に行く中学校がとても多い．私も中学で京都・奈良に行ったが，奈良では大仏を見ただけだった．<u>行先を決める決定打は何なのだろう？</u>（Nさん）

　京都・奈良は神社仏閣などをはじめとして歴史遺産が数多く存在し，日本の歴史・文化について学ぶことができます．もっとも，さすがにそれだけでは中学生は飽きてしまうだろうという配慮からか，ついでに大阪のユニバーサル・スタジオ・ジャパンも組み合わせる中学校が多いようです．
　このように，九州では「小学校＝長崎で平和学習」「中学校＝京都・奈良で歴史学習（＋大阪で遊ぶ）」という傾向がみえてきたわけですが，このような行先・内容の定番化はどのようにして生じたのだろうかという疑問が浮かび上がってきます．

## 2　疑問②

次の疑問に行きましょう．

　「修学」といいながら，高校の修学旅行ではスキーやテーマパークなど，

どうみても学習と関係のないところに行くのはなぜなのか？（Aさん）

　表をみてもわかるように，小学校のときは長崎で平和学習をするのが定番となっているのに対して，高校になるとスキーやテーマパークといった場所が目立ちます．大学で観光を学ぶ皆さんは，スキーからも東京ディズニーランドからも学ぶことはあるでしょう．でも，一般の高校生がそういう場所で「修学」というのは，たしかにちょっと違和感がありますよね．そもそも，もし仮に「生徒旅行」「児童旅行」という名称であれば，このような疑問は生じるはずがありません．「修学」と呼ばれているからこそ生じる疑問です．したがって，

そもそも，なぜ「修学旅行」と呼ぶのか？（多数の受講生）

という疑問が当然生じてきます．

### 3　疑問③
　最後の疑問を提示します．「修学旅行に関して不思議に思うことがあれば書いてください」というアンケートを実施したところ，次のようなコメントがかえってきました．

観光・旅行業界にとって，修学旅行はどのようなものなのだろうか．（Nさん）

　受講生のコメントは，修学旅行に参加した児童・生徒としての体験談が圧倒的多数だったのですが，このコメントを書いたNさんは，旅行会社や宿泊施設といった観光産業にたずさわる人々の立場から修学旅行を考える必要性を提起してくれました．観光を学ぶ大学生としてとても重要な視点ですね．
　以上の疑問をまとめておきましょう．

```
　　　　　　　～修学旅行をめぐる3つの疑問～
　疑問①　修学旅行の行先の定番化はどのようして生じたのか？
　疑問②　なぜ「修学」という呼称なのか？
　疑問③　観光・旅行業界にとって修学旅行とは何なのか？
```

## 3　謎を（少しだけ）解き明かす

　これら3つの疑問は皆さん自身で解き明かしてくださいね．それでは，さようなら！！
　……と言って講義を終えてしまうのもちょっと意地悪な気がしますので(笑)，最後に少しだけ謎解きをしておきましょう．

### 1　謎解き①　──修学旅行の行先の定番化──

　まず修学旅行の行先の定番化について考えてみます．
　さきほどみたように，九州地方の小学校の修学旅行では長崎が平和学習と結びついて定番化しています．表2-1が示すように，九州地方の中学・高校は行先が九州の外に向かって長崎は訪れなくなる傾向にありますが，逆に九州以外の中学・高校の修学旅行団体が長崎を訪れています．また，広島や沖縄も多くの修学旅行団体が訪れて平和学習をしています．しかし，いつからそうなったのでしょうか？　壮絶な沖縄戦や広島・長崎への原爆投下はいずれもアジア太平洋戦争末期の1945年のことです．したがって，これらの場所で平和学習をするという内容の修学旅行が行われるようになったのは戦後になってからのことですね．
　それでは，それ以前，つまり戦前の日本の修学旅行の行先の定番はどこだったのでしょうか？　実は，表2-1は，戦前の修学旅行で最も重視されていたある場所が抜けています．それは，三重県の伊勢神宮です．天皇・皇室の祖先とされる天照大神を祀る神社です．
　現在でも天皇は日本国の象徴として重要な存在ですが，戦前は現在とは比べものにならないほど天皇・皇室の崇敬が重視され，国民の義務とされていました．そのため，1920年代から，鉄道旅行が活発になった影響もあって，天皇・皇室とゆかりの深い神社に参拝することが奨励されるようになりました．そのなかで最も重視されたのが伊勢神宮で，小学校の修学旅行でも伊勢神宮を目的地にする動きが広まっていきました．1937年には日中戦争が始まって娯楽目的の観光・旅行は制限をうけるようになったのですが，伊勢神宮への修学旅行は教育的に必要であるとして例外的に許容されました［太田 2015; 白幡 1996; 橋本 2013; 平山 2016; 同2018; 藤本 2012; ブリーン 2015］．

以上をまとめると，戦前は「天皇を敬いなさい」，戦後は「平和を大切にしよう」といったように，その時代ごとに重視される価値観があり，それに基づいて行先が定番化していったということになります．ということは，今後の日本の政治状況の変化しだいでは，「平和」とは別の価値観が重視されるようになる可能性もありますね．近年では北朝鮮のミサイル発射などの影響で「国防」を重視する傾向が強まっていますから，ひょっとしたら自衛隊を見学して「国防」について学習するといった修学旅行が行われるようになるかもしれません．皆さんはどう考えますか？

さて一方で，戦前と戦後で変わらなかった定番の行先もあります．京都・奈良です．ただし，同じ京都・奈良への修学旅行でも戦前と戦後では趣旨が変化したということが，近年の研究で明らかにされました．詳しく説明する余裕はないので，もしよかったらその論文を読んでみてください［菅沼 2017］．

## 2 謎解き② ——なぜ「修学旅行」と呼ぶのか？——

次に，そもそもなぜ「修学旅行」と呼ぶようになったのかについての謎解きをします．これは，修学旅行のはじまりの歴史をみると解けてきます．

修学旅行のルーツは1886年に東京師範学校が実施した「長途遠足」にあります．2月15日から25日まで1日に約30kmも歩くという現在では考えられないハードな内容でしたが，この「長途遠足」が同じ年の12月に発行された『東京茗渓会雑誌』という雑誌でとりあげられ，ここで「修学旅行」という表現が初めて登場しました［白幡 1996］．ちなみに，東京茗渓会というのは東京師範学校の卒業生によって設立された同窓会で，現在でも一般社団法人茗渓会として継続しています．

さて，ここで注目したいのが，この東京師範学校という名称です．「師範」というのは現在では武道や茶道など和風な領域でしか用いられませんが，戦前の師範学校は教員を養成する学校でした．つまり，もともと修学旅行は，一般の小学児童ではなく，将来学校の教師になることを目指して学ぶ師範学校の生徒たちを対象に始められたのです．

当時の修学旅行の具体的な内容はどのようなものだったのでしょうか？『文部省第十五年報』という資料で1887年度の師範学校の教育内容をみてみると，男子生徒を対象に修学旅行を実施することで社会・理科・美術・軍事など様々な内容の実地学習ができて，たいへん有益であったと書かれています．[2]

皆さんは，ここで2つの驚きがあるはずです．1つ目は，「社会だけでなく色んな科目の学習内容があったの!?」ということですね．現在では平和学習や京都・奈良での歴史学習など，修学旅行は社会科の学習が中心になっていますね．でも最初のころはそうではなかったのです．どうして現在のようになったのでしょうね？

　2つ目の驚きは，実地学習のなかに軍事が入っているということですよね．しかし，これは当時（明治時代）の日本が「富国強兵」を目標に掲げていたことを考えれば，とくに不思議なことではありません．ちなみに，『文部省第十五年報』の同じ師範学校の項目には，「兵式体操」によって生徒を「鍛錬」しているという記述もあります．

　このように，もともと修学旅行というものは，明治時代に，学校教員を目指す生徒たちに様々な経験をさせるために始められた行事だったわけです．この歴史をふまえれば，「修学」という名称にも納得ですよね．やがて，師範学校で修学旅行を経験した生徒たちが教師となって，全国の学校で修学旅行を広めていくことになりました［高木 2013］．

### 3　謎解き③　──観光・旅行業界にとって修学旅行とは何なのか？──

　最後の疑問について考えましょう．観光・旅行業界にとって修学旅行とはいったいどういうものなのでしょうか？　これはやはり，この業界の経験者に聞いてみるのがいちばんですよね．「修学旅行と添乗員奮闘記」というインタビュー記録があります．大手旅行会社の近畿日本ツーリストに昭和30年代に入社して添乗員として数多くの修学旅行を担当した元社員さん2人が経験談を詳細に語っていて，実に面白い記録です．読んでみましょう．

> 修学旅行の大きな魅力というのは，先の契約ができる．つまり，契約のサイクルが長いんです．それと同時に，一遍お付き合いができると，よっぽどの失敗をしない限り継続してくれるということがあります．ほとんど人数も減りませんから，そういう意味では非常にありがたいお客様だったというふうに思います［中島・圓尾 2011: 118］[3]．

　なかなか率直でいいですね(笑)．つまり，修学旅行というのは旅行会社にとってみれば，安定的で持続的な大口の顧客として「非常にありがたいお客様」だったわけです．

一般に，観光・旅行業界というのは景気や災害など社会状況の影響を受けやすい領域です．例えば，同じ「〇〇旅行」でも，社員旅行は景気が悪くなれば縮小・廃止されますし，家族旅行も収入が減れば我慢せざるをえなくなりますね．ところが，修学旅行というのは学校で原則全員参加となっていることが多いので，毎年安定的に収益をあげられる．このような旅行部門というのは他をさがしてもなかなか無いわけです．

　実は，このような修学旅行の特殊性は，戦争や大災害などで娯楽的な行為を自粛するムードが広まるときに，より一層はっきりと浮かびあがってきます．*3* の 1 でも述べたように，1937年に始まった日中戦争によって観光・旅行の自粛が叫ばれた際にも，伊勢神宮への修学旅行は例外的に実施が継続されました．また，2011年 3 月には東日本大震災が発生し，全国的に観光やイベントなどの自粛が広がりましたが，修学旅行だけは「全く中止した学校は被災地も含めごく少数」でした［中野・本山 2012: 14］．

　今後は，少子化によって修学旅行の収益は全体として減少していかざるをえないでしょう．しかし，いかなる社会状況の変化によってもほとんど中止になることがないという修学旅行の強靭な安定性が，観光・旅行業界にとって今後も重要な意味を持ち続けるということは，間違いのないことでしょう．

　なお，修学旅行の安定性という点に関連して，ちょっと補足しておきます．
　さきほど *1* のところで，韓国の修学旅行生たちがセウォル号沈没事故で犠牲になったことに触れましたが，実は日本でも，大勢の修学旅行生が犠牲になる事故が何度も起こった歴史があります．1988年，中国の上海近郊で高知県の私立高校の修学旅行団体が乗った列車が衝突事故を起こし，教師 1 名と生徒27名が亡くなりました［中野・本山 2012: 50］．当時私は小学生でしたが，連日のテレビ報道にたいへんなショックをうけたことを今でもよく覚えています．

　修学旅行中の事故がもっとも頻繁に発生したのは1955年前後です．交通機関の事故，集団食中毒などが相次ぎました．とくに1955年には紫雲丸という船が瀬戸内海で沈没して修学旅行中の児童・生徒100名以上が亡くなり，社会に大きな衝撃を与えました．このときは修学旅行は廃止すべきという意見も出たのですが，結局廃止されませんでした［刈田 2011］．

　修学旅行生が多数犠牲になる事故が生じても，それでも修学旅行そのものは決してなくならない……．いったいなぜなのでしょうか？　児童・生徒，保護者，学校関係者，旅行会社のなかで，修学旅行の存続を強く望む人々がいたか

らでしょうか？　あるいは，事故のたびに安全確保の工夫が積み重ねられて，保護者からも信頼を得ていったからでしょうか？　これらの点について調べてみて何かがわかれば，日本だけではなく，セウォル号のトラウマがいまだに消えない韓国の人々にとっても参考になるかもしれません．

## おわりに

　いかがでしたか？　この講義では，まず中国人留学生の声を聞くことで，日本人が当たり前と思っている修学旅行が興味深い考察対象であることに気づいてもらいました．そのうえで，これまでの受講生の皆さんのコメントやアンケートをもとに，3つの疑問を浮かび上がらせて，ちょっとだけ謎解きをしてみました．

　ほとんど全部の人々が修学旅行という共通の経験を有していることは，日本の観光の大衆化においてきわめて重要な前提条件になっていると考えられます．大衆化というのはごく簡単に言えば，多くの人々が同じようなことをするようになる，ということです．昔は時間やお金に余裕があるごく一部の人々しか旅に出られなかったのですが，学校で修学旅行が広まることで，多くの国民が共通の旅行経験を共有するようになりました．修学旅行には，日本における観光の大衆化について考えるためのヒントがつまっていると言えるでしょう．

　また，団体旅行が盛んであることや，特定の観光地への人気集中といった，日本人の観光文化の特性について考える場合も，修学旅行がもたらした影響を視野に入れて考える必要があります．

　最後に，ここまで読んでくださった皆さんに，ぜひとも伝えたいことがあります．それは，ぜひ自分自身で修学旅行に関する謎を発掘して，謎解きにチャレンジしてほしいということです．

　今回の講義では，とりあえず3つの疑問を提示して，ちょっとだけ謎解きをしてみました．しかし，修学旅行をめぐる謎は，まだまだいくらでもあります!!

　例えば，3の2で，修学旅行の成立過程について説明しましたが，ここで新たな疑問が生じませんか？　もともとは学校教員を目指す生徒たちが参加して，文字通り「修学」のための旅行だったわけですが，現在の高校の修学旅行ではスキーやらテーマパークやらといったレジャーの要素が目立ちます．中身は明治時代から大きく変化したのに，名称だけはそのまま生き残っているわけ

です．それでは，いつから，どのようにして，高校の修学旅行のレジャー化が生じたのでしょうか？

　まだまだあります．もう残りの時間（字数）の余裕がないのですけど，あと2つだけ!!

　私が教えている大学の講義で，ある挙手アンケートをすると，とても面白い雰囲気が生じます．それは，「修学旅行に行く前に，学校で新幹線に乗る練習をさせられたことがある人は，手を挙げてください」というものです．これをやると，教室のなかの日本人学生たちの反応は真っ二つに割れます．手を挙げた学生たちは「え？　やっていない学校があるの？　やるのが当たり前だと思ってた！」と驚いた表情．一方，手を挙げなかった学生たちはというと「は？　何それ？　そんなの練習する必要なんてないやろ！　意味不明！」といった表情を浮かべます．毎年どのクラスでも，両者はだいたい半々といったところです．私の教えている大学は九州出身の学生が中心ですので，もしかしたら他の地方では誰も手を挙げないかもしれませんが，実際のところどうなのでしょうか．どうでもいいネタのようにみえるかもしれませんが，調べてみると何か面白い事実が浮かび上がってくるかもしれませんよ．

　最後に，同じくどうでもいいネタのようにみえて，実はとっても奥が深い謎をとりあげます．受講生に修学旅行の体験談を書いてもらうと，必ず次のようなコメントが出てきます．

> 修学旅行中，木刀がとにかくどこにでもあった思い出がある．広島の宮島とかならまだ分かるが，東京でも，どこからか木刀を購入してきた生徒がいた．どこに売っていたのやら．（Sさん）
>
> 男子学生の異常な木刀購入率は，いったい何だったのだろう．（Tさん）

　ちょっと考えてみると，木刀というのは，日本の観光地で売られている土産物のなかで，きわめて特殊で，不思議な存在です．その土地の名物でも何でもないはずの木刀が，なぜ土産屋で売られているのでしょうか？　一部の男子生徒（とくに男子中学生）は，なぜ持ち帰っても使う用途がないはずの木刀を修学旅行で買ってしまうのでしょうか？　考えてみたら，不思議なことだらけだと思いませんか？

　実は，私のゼミナールの卒業生のなかで，土産屋の木刀について，歴史学や心理学など講義で学んだことをフルに活用して研究し，素晴らしい卒業論文を

仕上げた人がいます．目次は次の通りです［江口 2015］．

 序　章　土産屋の木刀は名物と言えるか？
 第 1 章　土産屋の木刀の歴史と成り立ち
 第 2 章　なぜ土産屋は木刀を売るのか？
 第 3 章　なぜ土産屋で木刀を買う／買わないのか？
    ——修学旅行に注目して——
 第 4 章　土産屋の木刀はどこから来るのか？
    ——国産と外国産／武道用と土産用——
 終　章

　どうですか？　なかなか面白そうでしょう？　この卒業論文は「なぜ土産屋に木刀が置いてあるのか？」という素朴な疑問から出発し，驚くほど精力的な文献調査・インタビュー調査を積み重ねて数々の興味深い事実を明らかにした傑作です．第 3 章のサブタイトルからわかるように，修学旅行と木刀の関わりについても論じており，まさに目から鱗(うろこ)の連続でした．

　このように，修学旅行にはまだまだ誰も解き明かしていない謎がいくらでもあります．ぜひあなたも謎を発掘して，とことんまで研究してみませんか？

#### 注

1) 以下，引用文中の下線・傍点は引用者（平山）による．
2) 原文は次の通り．「男生徒ノ修学旅行ヲ施行シ以テ地理ヲ探求シ動植物ヲ採集シ実地写景及ヒ発火演習等ヲナサシムルハ府県ノ概ネ挙行スル所ニシテ其ノ生徒ニ益スルコト少ナカラス」（『文部省第十五年報（明治二十年分）』51 頁）．この資料を含め，現在では戦前の様々な資料が「国立国会図書館デジタルコレクション」という HP で手軽に画像閲覧できるようになっている．
3) 圓尾裕氏の発言．
4) 「修学旅行の歴史」（年表）［中野・本山 2012:47］．この年表は公益財団法人日本修学旅行協会の HP でも閲覧可能である（2018 年 2 月現在）．

####  参考文献

江口功記［2015］「なぜ土産屋に木刀が置いてあるのか？——土産屋の木刀の歴史と現状について——」九州産業大学商学部観光産業学科 2014 年度卒業論文．
太田孝［2015］『昭和戦前期の伊勢参宮修学旅行と旅行文化の形成』古今書院．

刈田均［2011］「1955（昭和30）年前後の修学旅行――事故多発への対応と学校現場の実態について――」『旅の文化研究所研究報告（「戦後日本における旅の大衆化に関する研究」特集号）』20.

白幡洋三郎［1996］『旅行ノススメ』中央公論社.

菅沼明正［2017］「修学旅行とナショナリズム――戦後の京都・奈良への旅の展開・拡大過程――」『KEIO SFC JOURNAL』17（1）.

高木博志［2013］「修学旅行と奈良・京都・伊勢」，同編『近代日本の歴史都市　古都と城下町』思文閣出版.

中島和友・圓尾裕［2011］「修学旅行と添乗員奮闘記」（インタビュー記録），『旅の文化研究所研究報告（「戦後日本における旅の大衆化に関する研究」特集号）』20.

中野瑞枝・本山雅彦編［2012］『データブック2012教育旅行年報』日本修学旅行協会.

橋本萌［2013］「1930年代東京府（東京市）小学校の伊勢参宮旅行――規模拡大の過程と運賃割引要求――」『教育学研究』80（1）.

平山昇［2016］「「体験」と「気分」の共同体――戦間期の「聖地」ツーリズム――」，塩出浩之編『公論と交際の東アジア近代』東京大学出版会.

―――［2018］「大正・昭和戦前期の伊勢神宮参拝の動向について――娯楽とナショナリズムの両側面から――」，高木博志編『近代天皇制と社会』思文閣出版（2018年刊行予定）.

藤本頼生［2012］「伊勢神宮参拝と修学旅行の歴史」『神道文化』24.

ブリーン，J.［2015］『神都物語　伊勢神宮の近現代史』吉川弘文館.

# 第3章
## 観光資源と観光地

◎要約

　九州の観光資源や観光地の変遷をみると，戦前は別府や雲仙，霧島，阿蘇などの火山や温泉が代表的観光地だった．戦後高度成長期には宮崎・日南海岸や西海，別府から熊本を経由して長崎を結ぶ九州横断ルートなどが大量の団体観光客を受け入れた．安定成長期～バブル経済期には，由布院や黒川など新たな温泉観光地が台頭し，ハウステンボスや阿蘇ファームランドなどのテーマパークも登場，福岡市がアーバンツーリズムの拠点となった．1990年代以降の低成長期になり，観光資源や観光地はますます多様化しているが，直近では世界遺産が注目され新たな観光地となっている．宿泊者は九州では福岡，各県では県都に集中する傾向にあり，各地の観光地への分散が課題となっている．

学習の課題
1．高度経済成長期に九州観光のゴールデンルートであった「九州横断ルート」の現状を辿ってみよう．
2．九州のB級グルメ，ご当地グルメを調べてみよう．
3．九州にある世界遺産と，その構成資産を調べてみよう．

**keyword**

国立公園，やまなみハイウェイ，テーマパーク，アーバンツーリズム，グリーンツーリズム，道の駅，B級グルメ，エコツーリズム，世界遺産

# *1* 観光資源,観光地とは何か

　観光資源とは何か.『観光学大事典』によると,「観光資源とは,一般に観光者の欲求を充足させる対象物,または観光行動の目的になるあらゆる事象が対象といわれる.自然景観や伝統的文化財といった有形のものはいうまでもなく,それらから派生する風光や気象条件など実態をともなわない無形のものまで限りなく範囲を広げることが可能であるし,本来なら利用手段にすぎない宿泊・レストラン,土産物店,交通機関のような諸施設も,時と場合によっては対象となる.」とある［辻原 2007: 101］.そして,観光資源を,「自然観光資源」[1],「人文観光資源」[2],「複合観光資源」[3],「施設観光資源」[4]の4つに分類している［香川編 2007: 102-108］.

　では観光地とは何か.同じく『観光学大事典』によると,「観光地とは人々に対し,『触合い,学ぶ,遊ぶ』という観光目的を実現させるために観光資源ないし観光施設,さらに宿泊施設などの複合的な要素が一体的に形成している空間をいう.」とある［山上 2007: 111］.そして,観光地を,「温泉観光地」,「山岳高原観光地」,「海岸観光地」,「宗教・史跡観光地」,「都市観光地」,「内陸リゾート地」,「海浜リゾート地」などに分類している［香川編 2007: 112-113］.

　また,観光立国推進基本法の第13条では,「国は,観光資源の活用による地域の特性を生かした魅力ある観光地の形成を図るため,史跡,名勝,天然記念物等の文化財,歴史的風土,優れた自然の風景地,良好な景観,温泉その他文化,産業等に関する観光資源の保護,育成及び開発に必要な施策を講ずるものとする.」とある［観光庁 2010: 9］.

　以上のように,ありとあらゆるものが観光資源になり,あらゆる観光目的に対応する観光地が存在している.そして観光資源を上手く管理,活用すれば,新たな観光地を作り出すことも可能である.かつては人々が知りうる観光資源や気軽に行ける観光地は限られていた.しかし,こんにち情報量の増加や高速交通機関の発達,人々の価値観や経済環境の多様化等に伴い,ありとあらゆるモノやコトが観光資源になっている.新たな観光地が誕生したり,急に脚光を浴びたりする一方で,これまで栄えていた観光地が衰退する場合もある.ここでは,近代以降の九州の観光資源や観光地の変遷を時代とともにみていく（表3-1）.

表3-1　九州観光年表

| 西暦 | 元号 | 出来事 |
|---|---|---|
| 1884 | 明治17年 | 大阪商船（後の関西汽船）が別府～大阪間に航路開設 |
| 1898 | 明治31年 | 長崎本線（早岐・大村経由）全通 |
| 1909 | 明治42年 | 鹿児島本線（肥薩線経由）全通 |
| 1913 | 大正2年 | 雲仙ゴルフ場（日本初のパブリックコース）開業 |
| 1923 | 大正12年 | 日豊本線全通 |
| 1927 | 昭和2年 | 東京日日新聞社と大阪毎日新聞社の「日本新八景」で雲仙が山岳部門，別府が温泉部門で第1位 |
| 1928 | 昭和3年 | 油屋熊八が亀の井自動車を設立　別府地獄巡りの定期乗合遊覧バスを運行開始 |
| 1934 | 昭和9年 | 雲仙，霧島，瀬戸内海が日本初の国立公園に指定　同年末，阿蘇も指定　長崎国際観光博覧会 |
| 1937 | 昭和12年 | 別府国際温泉観光大博覧会 |
| 1939 | 昭和14年 | こどものくに開園（宮崎） |
| 1942 | 昭和17年 | 関門鉄道トンネル開通 |
| 1945 | 昭和20年 | （終戦） |
| 1949 | 昭和24年 | 長崎原爆資料館開設　仙巌園（鹿児島）一般公開 |
| 1950 | 昭和25年 | 毎日新聞社の「日本観光地百選」で長崎市が都邑の部で第1位 |
| 1951 | 昭和26年 | 福岡空港民間利用再開　サボテン園（宮崎）開業 |
| 1952 | 昭和27年 | 高崎山自然動物園（大分）開業 |
| 1953 | 昭和28年 | 奄美群島本土復帰 |
| 1954 | 昭和29年 | 南国宮崎産業観光大博覧会 |
| 1955 | 昭和30年 | 西海国立公園指定　西海橋開通 |
| 1956 | 昭和31年 | 東京～博多間に寝台特急あさかぜ運転　旧下関水族館開業 |
| 1957 | 昭和32年 | 別府温泉産業大博覧会　大相撲九州場所開幕 |
| 1958 | 昭和33年 | 関門国道トンネル開通　火の山ロープウエイ（下関）開通 |
| 1959 | 昭和34年 | 読売巨人軍の宮崎キャンプはじまる　小倉城再建 |
| 1960 | 昭和35年 | 熊本城再建 |
| 1962 | 昭和37年 | 皇太子ご夫妻（当時）が宮崎をご訪問，新婚旅行ブームが起こる　若戸大橋開通 |
| 1964 | 昭和39年 | 九州横断道路（やまなみハイウェイ）全通　大分マリーンパレス開業　島原城再建　（東京五輪，東海道新幹線開業） |
| 1966 | 昭和41年 | 天草五橋（天草パールライン）開通　三井グリーンランド開業　別府杉乃井パレス開業　唐津城再建 |
| 1967 | 昭和42年 | 城島後楽園ゆうえんち開業，水前寺成趣園開業 |

| 1970 | 昭和45年 | 関釜フェリー就航　鹿児島本線電化完成　（大阪万博，ディスカバージャパンキャンペーン開始） |
|---|---|---|
| 1971 | 昭和46年 | 新熊本空港開港，新大分空港開港 |
| 1972 | 昭和47年 | 新鹿児島空港開港　沖縄が本土復帰　（山陽新幹線岡山開業） |
| 1973 | 昭和48年 | 関門橋開通　（第1次オイルショック） |
| 1975 | 昭和50年 | 山陽新幹線博多開業　新長崎空港開港　宮崎サファリパーク開業　沖縄海洋博 |
| 1976 | 昭和51年 | アフリカンサファリ（安心院町）開業 |
| 1981 | 昭和56年 | 九州自動車道鹿児島～宮崎間開通　（神戸ポートピア） |
| 1982 | 昭和57年 | （東北・上越新幹線開業） |
| 1983 | 昭和58年 | 中国自動車道全通　長崎オランダ村開業　沖縄のリゾートブーム　（東京ディズニーランド開業） |
| 1985 | 昭和60年 | （プラザ合意，円高定着で海外旅行ブーム　筑波科学万博　東北・上越新幹線上野乗入） |
| 1987 | 昭和62年 | 国鉄分割民営化，JR九州発足　（リゾート法施行　リゾート・テーマパークブームが起こる） |
| 1988 | 昭和63年 | 宮崎・日南海岸リゾート構想，第1号承認　（青函トンネル開通，瀬戸大橋開通） |
| 1989 | 平成元年 | 福岡市アジア太平洋博覧会　吉野ヶ里遺跡の発掘報道　鹿児島～種子屋久に高速船就航　ゆふいんの森号運行開始　マリンワールド海の中道開業　湯の児スペイン村開業　酒泉の杜開業　福岡ダイエーホークス誕生　（韓国が海外旅行自由化） |
| 1990 | 平成2年 | 長崎自動車道全通　長崎「旅」博覧会開催　博多～釜山間にカメリアライン就航　雲仙普賢岳が噴火　スペースワールド開業　肥前夢街道開業　（大阪国際花博） |
| 1991 | 平成3年 | 博多～釜山にJR九州の高速船「ビートルⅡ」就航　ベイサイドプレイス開業　ハーモニーランド開業 |
| 1992 | 平成4年 | ハウステンボス開業　五ヶ瀬ハイランドスキー場開業 |
| 1993 | 平成5年 | 屋久島が世界自然遺産登録　福岡ドーム開業　有田ポーセリンパーク開業 |
| 1994 | 平成6年 | シーガイア全面開業　（関西国際空港開港） |
| 1995 | 平成7年 | 九州自動車道全通　シーホークホテル&リゾート開業　阿蘇ファームランド開業　門司港レトロ地区グランドオープン　（阪神・淡路大震災） |
| 1996 | 平成8年 | 九州横断道全通（九州クロスハイウェイ完成）　世界・炎の博覧会（佐賀）開催　キャナルシティ博多開業 |
| 1997 | 平成9年 | いおワールド鹿児島水族館開業　（秋田・長野新幹線開業） |
| 1998 | 平成10年 | 佐賀空港開港　スカイマークエアラインズ福岡～羽田就航　（明石海峡大橋開通　長野冬季五輪） |
| 1999 | 平成11年 | 福岡都市高速道路と太宰府ICが直結　博多座開業　（しまなみ海道開通） |
| 2000 | 平成12年 | 天草空港開港　琉球王国のグスク及び関連遺産群が世界遺産登録　（祝日3連休法施行） |

| 2001 | 平成13年 | 北九州博覧祭　シーガイアが会社更正法申請　杉乃井ホテルが民事再生法申請　長崎オランダ村閉園　新下関水族館「海響館」　別府オンパク開幕　(大阪ＵＳＪ開業，東京ディズニーシー開業) |
|---|---|---|
| 2002 | 平成14年 | 博多～釜山にコビー就航　スカイネットアジア航空宮崎～羽田就航　雲仙岳災害記念館開業　カモンワーフ開業　(JAL，JAS経営統合　日韓W杯サッカー開催) |
| 2003 | 平成15年 | ハウステンボス会社更生法申請　リバーウォーク北九州開業　海峡ドラマシップ開業　ひむか神話街道開通　(ビジット・ジャパン事業開始) |
| 2004 | 平成16年 | 九州新幹線鹿児島中央～新八代開業　佐賀城本丸歴史館開業　宮崎県立西都原考古博物館開業 |
| 2005 | 平成17年 | 九州観光推進機構発足　九州国立博物館開業　長崎歴史文化博物館開業　(愛知万博) |
| 2006 | 平成18年 | 新北九州空港開港　スターフライヤー北九州～東京就航　長崎さるく博開幕　SUNQパス発売開始　九重「夢」大吊橋開業　新種子島空港開港　(観光立国推進基本法成立) |
| 2007 | 平成19年 | 飯塚・旧伊藤伝右衛門邸開業　唐津・旧高取邸開業　(観光立国推進基本計画策定) |
| 2008 | 平成20年 | 大河ドラマ「篤姫」放映　熊本城本丸御殿復元　高千穂鉄道廃線　(観光庁発足　リーマンショック) |
| 2009 | 平成21年 | 九州～東京の夜行列車廃止　(民主党中心の連立政権発足) |
| 2010 | 平成22年 | ハウステンボスがリニューアル開業　(日本航空が会社更生法適用を申請) |
| 2011 | 平成23年 | JR博多シティ開業　九州新幹線鹿児島ルート全線開業　(東日本大震災) |
| 2012 | 平成24年 | 霧島屋久国立公園が霧島錦江湾と屋久島の２つの国立公園に　中国春秋航空の佐賀～上海便就航　九州北部豪雨　(東京スカイツリー開業，衆院選で自民党圧勝) |
| 2013 | 平成25年 | KLM福岡～アムステルダム就航　クルーズトレイン「ななつ星in九州」運行開始 |
| 2014 | 平成26年 | 大河ドラマ「軍師官兵衛」放映　阿蘇が世界ジオパークに認定　慶良間諸島国立公園指定 |
| 2015 | 平成27年 | JRおおいたシティ開業　明治日本の産業革命遺産が世界遺産登録　(北陸新幹線が金沢まで開業) |
| 2016 | 平成28年 | 熊本地震発生　「九州ふっこう割」商品発売　東九州自動車道が北九州市～宮崎市が直結 |
| 2017 | 平成29年 | 奄美群島国立公園指定　九州北部豪雨　「神宿る島」宗像・沖ノ島と関連遺産群が世界遺産登録　(北海道新幹線開業) |

(出所) 田代 [2003：8]，田代 [2005：12] をもとに筆者作成.

## *2* 九州の観光地の変遷

### 1 明治時代〜戦前の観光地

　九州の観光資源や観光地について明治時代の状況を示す資料は少ない．ここでは一例として，内務省衛生局が1885（明治18）年に編纂した『日本鑛泉誌』[5]をみてみる．同書の主な温泉には年平均の浴客数が記載されている[6]。九州におけるランキングをみると，1位が現在の武雄温泉で29万人と突出して多く，2位が山鹿温泉の9.5万人，3位が二日市温泉の5万人で続いている（**表3-2**）．1889年の人口調査では鹿児島市，長崎市，福岡市，熊本市など九州最大級の都市でも5万人台で，旅行の主な移動手段が徒歩だった時代であり，年間1万人も集めれば九州でも有数の観光地だったと推測される．

　九州でこんにちの観光につながる契機となったのは，鉄道に代表される近代交通機関の発達である．そして明治大正から昭和初期の九州を代表する観光資源は主に火山とその周辺の温泉であった[7]．別府温泉では，1884（明治17）年に大阪商船による大阪〜別府の航路開設，1911（明治44）年に日豊本線別府駅の開業など交通条件が整備された．それまでの浜脇，別府，亀川，鉄輪，観海寺，堀田，柴石，明礬のいわゆる別府八湯を別府温泉と総称するようになり，バスガイド付きの定期観光バスによる地獄めぐりなど先駆的な観光開発もあって国内随一の温泉観光都市に成長していった[8]．

　1934（昭和9）年3月には日本初の国立公園として瀬戸内海，雲仙，霧島の3カ所が，同年12月には阿寒，大雪山，日光，中部山岳，阿蘇の5カ所が指定された[9]．つまり日本で最も早朝に国立公園に指定された8カ所のうち，3カ所が九州の火山から選定された．

　雲仙国立公園は，明治末から大正，昭和初期にかけて長崎居留の欧米人向けの避暑地として開発され，雲仙温泉には日本初のパブリックゴルフ場や西欧風のホテルが立ち並び，東の軽井沢と並び称されるモダンな避暑地として人気を集めた．霧島国立公園は，数多くの噴火口が集積する多様な火山地形に加え，天孫降臨神話で有名な高千穂の峰や霧島神宮を擁する観光地であった．阿蘇国立公園は，世界最大級のカルデラを有する雄大な景観や活火山の噴火口に間近に迫れる日本でも稀有な観光地だった．ちなみに北部の外輪山から阿蘇五岳の雄大な景色を眺める「大観峰」は，1922年に熊本の文豪，徳富蘇峰により命名

表3-2　明治時代の九州の温泉　浴客数ランキング

| 順位 | 鉱泉名 | 現在の温泉名 | 年間浴客(人) | 県名 | 掲載所在地 |
|---|---|---|---|---|---|
| 1 | 柄崎 | 武雄 | 290,400 | 佐賀県 | 杵島郡武雄村 |
| 2 | 山鹿 | 山鹿 | 95,046 | 熊本県 | 山鹿郡山鹿町 |
| 3 | 武蔵 | 二日市 | 50,000 | 福岡県 | 御笠郡武蔵村 |
| 4 | 福山宮ノ下 | (?) | 46,815 | 鹿児島県 | 曽於郡福山浦町 |
| 5 | 硫黄谷 | 霧島 | 40,627 | 鹿児島県 | 桑原郡下中津川村 |
| 6 | 古湯 | 古湯 | 40,000 | 佐賀県 | 小城郡古湯村 |
| 7 | 嬉野 | 嬉野 | 35,000 | 佐賀県 | 藤津郡下宿村 |
| 8 | 鹽浸 | 塩浸 | 27,846 | 鹿児島県 | 桑原郡宿窪田村 |
| 9 | 湯ノ浦 | 吹上 | 19,880 | 鹿児島県 | 阿多郡伊作村 |
| 10 | 敷根 | (?) | 15,975 | 鹿児島県 | 曽於郡麓村 |
| 11 | 新湯東・西 | 妙見 | 12,865 | 鹿児島県 | 桑原郡宿窪田村 |
| 12 | 木場 | (?) | 12,240 | 鹿児島県 | 薩摩郡副田村 |
| 13 | 小濱 | 小浜 | 12,050 | 長崎県 | 南高来郡小浜村 |
| 14 | 濱脇 | 別府(八湯) | 11,340 | 大分県 | 速水郡浜脇村 |
| 15 | 別府 | 別府(八湯) | 10,630 | 大分県 | 速水郡別府村 |
| 16 | 熊ノ川 | 熊ノ川 | 10,000 | 佐賀県 | 小城郡上熊川村 |
| 17 | 木之房 | 日当山 | 9,000 | 鹿児島県 | 曽於郡内村 |
| 18 | 鉄輪 | 別府(八湯) | 8,000 | 大分県 | 速水郡鉄輪村 |
| 19 | 六反田 | 指宿 | 8,000 | 鹿児島県 | 揖宿郡十町村 |
| 20 | 日奈久 | 日奈久 | 7,994 | 熊本県 | 葦北郡日奈久町 |

(注) 原資料は，内務省衛生局編纂[1885]『日本鑛泉誌 下巻』(明治18年2月).
　　(?)は，現在は温泉がないか不明の温泉地.
(出所) 北村[1997].

された.

## 2　戦後，高度成長期の観光地

　戦中戦後の混乱期を経て1950～60年代の高度成長期に，九州は南国イメージを持つ国内でも人気の観光地となり，全国から大勢の団体観光客が訪れた．当時の九州を代表する観光資源は，国立公園に代表される自然景観と長大橋梁など近代的な建築物，大型化した温泉であり，代表的な観光地は，宮崎・日南海岸，西海，そして九州横断ルートであった[10]．

　宮崎・日南海岸は，九州では相対的に交通不便であり，国立公園も火山も温泉も城郭も近代建築も少ない不利な条件だった．しかし，大淀河畔の近代的なホテル群，宮崎市内や日南海岸での南国風の植栽に代表される観光開発と，読売巨人軍キャンプ誘致，当時の皇太子ご夫妻のご旅行誘致などのPR効果によ[11]

り,「緑と太陽の国・宮崎」として日本有数の観光地,新婚旅行の目的地となった[12].

また,1955年3月に九州で4番目,九州初の海岸景観での国立公園として,九十九島や平戸,五島列島を含む西海国立公園が誕生した[13].同年12月には当時アーチ橋では東洋一を誇った西海橋が開通し,佐世保市や平戸市などが人気観光地となった.

1964年には別府から九重を経て阿蘇を結ぶ有料道路,九州横断道路「やまなみハイウェイ」が開通した.この道路の開通を前提として1953年には由布岳,鶴見岳,高崎山が阿蘇国立公園に追加指定された[14].また,天草では,1956年に天草地域が雲仙に追加指定されて雲仙天草国立公園となり,1966年には天草五橋を含む「天草パールライン」が開通した[15].九州横断道路の開通と前後して,沿線では熊本城や島原城の天守閣再建,大分マリーンパレス,別府杉乃井パレス,水前寺成趣園の開業など新しい観光資源開発が相次ぎ,別府～九重～阿蘇～熊本～天草～雲仙～長崎を結ぶ九州横断ルートが九州観光のゴールデンルートとして全国的な人気を集めた.このほか,1964年には桜島や指宿など錦江湾国定公園と屋久島が霧島国立公園に編入されて霧島屋久国立公園となった[16].

1965年に朝日新聞西部本社が東京都と大阪市で行ったアンケートで,九州で今後行きたい所は,東京,大阪ともに1位が日南海岸・宮崎であり,東京では2位以下が天草,桜島,阿蘇・内牧,九州横断道路・九重の順,大阪では2位以下が桜島,雲仙(小浜・島原),霧島,阿蘇・内牧の順であった(表3-3).そして,九州で今後行きたい所に掲載されているような温泉観光地では,団体観光客に対応して施設を次々に大型化していった.

### 3　安定成長期～バブル経済時代の観光地

1970年代に入ると,九州各地にジェット化に対応した新空港が次々に完成,1975年には山陽新幹線が博多まで開通して観光客増加への期待が高まった.しかし,1972年に沖縄が本土復帰したことで南国・九州のイメージは薄れ,九州への全国的な注目度は低下していった[17].

そして1980年代以降に,高度成長期とは異なる新たなコンセプトの温泉観光地として台頭してきたのが由布院や黒川である.由布院温泉は,ダムやゴルフ場の建設反対に始まる地域を守る取組を契機に,男性中心の団体客で賑わっていた隣接する別府温泉とは異なる「女性が1人でも訪ねられる温泉」をキーワー

表 3-3　東京・大阪の人が九州で今後行きたい所（1965年調査）

（単位：件，％，位）

| No. | 観光地 | 東京都 | | | 大阪市 | | |
|---|---|---|---|---|---|---|---|
| | | 実数 | 構成比 | 順位 | 実数 | 構成比 | 順位 |
| 1 | 北九州市・下関市 | 69 | 10.6 | 23 | 41 | 9.7 | 20 |
| 2 | 福岡市 | 74 | 11.3 | 22 | 34 | 8.1 | 22 |
| 3 | 対馬・壱岐 | 194 | 29.8 | 12 | 89 | 21.1 | 15 |
| 4 | 太宰府 | 128 | 19.6 | 17 | 75 | 17.8 | 17 |
| 5 | 柳川市 | 83 | 12.7 | 21 | 31 | 7.4 | 24 |
| 6 | 佐賀市 | 60 | 9.2 | 24 | 22 | 5.2 | 27 |
| 7 | 武雄・嬉野 | 59 | 9.0 | 25 | 28 | 6.7 | 25 |
| 8 | 唐津・呼子 | 100 | 15.3 | 19 | 32 | 7.6 | 23 |
| 9 | 長崎市 | 221 | 33.9 | 8 | 152 | 36.1 | 6 |
| 10 | 西海（佐世保市・平戸・九十九島） | 214 | 32.8 | 11 | 137 | 32.5 | 8 |
| 11 | 雲仙（小浜・島原） | 241 | 37.0 | 7 | 165 | 39.2 | 3 |
| 12 | 天草 | 268 | 41.1 | 2 | 131 | 31.1 | 9 |
| 13 | 熊本市 | 91 | 14.0 | 20 | 49 | 11.6 | 19 |
| 14 | 人吉市 | 51 | 7.8 | 28 | 28 | 6.7 | 26 |
| 15 | 阿蘇・内牧 | 245 | 37.6 | 4 | 153 | 36.3 | 5 |
| 16 | 杖立 | 55 | 8.4 | 26 | 41 | 9.7 | 21 |
| 17 | 別府市・大分市 | 128 | 19.6 | 18 | 91 | 21.6 | 14 |
| 18 | 九州横断道路・九重 | 243 | 37.3 | 5 | 124 | 29.5 | 11 |
| 19 | 日田 | 54 | 8.3 | 27 | 18 | 4.3 | 28 |
| 20 | 日南海岸・宮崎市 | 282 | 43.3 | 1 | 211 | 50.1 | 1 |
| 21 | 都井岬 | 176 | 27.0 | 13 | 69 | 16.4 | 18 |
| 22 | 高千穂峡 | 221 | 33.9 | 9 | 131 | 31.1 | 10 |
| 23 | 鹿児島市 | 157 | 24.1 | 15 | 102 | 24.2 | 13 |
| 24 | 桜島 | 258 | 39.6 | 3 | 200 | 47.5 | 2 |
| 25 | 指宿 | 218 | 33.4 | 10 | 143 | 34.0 | 7 |
| 26 | 佐多岬 | 154 | 23.6 | 16 | 88 | 20.9 | 16 |
| 27 | えびの高原 | 174 | 26.7 | 14 | 115 | 27.3 | 12 |
| 28 | 霧島 | 243 | 37.3 | 6 | 158 | 37.5 | 4 |
| | 合計 | 652 | 100.0 | | 421 | 100.0 | |

（注）1964年4～8月の5カ月間に当該都市で日本交通公社周遊券購入者名簿に登載されている者を対象。
　　東京都は1965年3月3～4日に郵送，大阪市は5～6日に郵送。〆切は3月30日。
（出所）朝日新聞西部本社広告部［1965］。

ドに温泉地づくりを進め人気を高めていった[18]．黒川温泉は，露天風呂の整備を中心に，景観整備などのまちづくりを進めるとともに，入湯手形の導入などユニークな取組で人気を高め，九州を代表する人気温泉観光地となった[19]．

　1985年のプラザ合意で円高が定着すると海外旅行ブームが起こり，九州の観光地は海外との競合にさらされるようになった．バブル経済へと向かう中で，1987年に「総合保養地域整備法」（いわゆるリゾート法）が施行され，リゾート・テーマパークブームが起きた．九州では1988年に宮崎県の基本構想が福島県とともに全国第1号の承認を受け，シーガイアが整備された．そして，1992年に佐世保市にオランダのまちなみが忠実に再現された一大テーマパーク，ハウステンボスが開業し，九州を代表する人気観光地となった[20]．しかし，リゾート・テーマパークブームは長続きせず，九州でも多くの施設が閉鎖，縮小，経営破綻や経営主体の変更を余儀なくされた．こうしたなか1995年に開業した阿蘇ファームランドは，あえて開発の余地を残したままグランドオープンして，観光客のニーズに応じた施設整備を行うことで成長していった．なお，1989年に発掘が報道された吉野ヶ里遺跡は，国内最大級の弥生時代の環濠集落遺跡として国により整備が行われ，佐賀県有数の観光地となっていった．

### 4　福岡市でのアーバンツーリズム

　表3-4は，1988～89年にJTBがガイドブック上で公表した九州・沖縄の観光物件の評価をまとめたものである．国際的に優れた物件である特A級ランク（AA）は，虹の松原，熊本城，阿蘇山，やまなみハイウェイ，別府温泉，臼杵石仏の6ヵ所しかない．それに次ぐ，全国的レベルで優れた物件であるA級は39件あるが，福岡県には英彦山神宮の1ヵ所しかない．極論すれば，1980年代まで福岡県には，全国的，国際的に評価される観光地はなかったと言える．

　福岡市は，1980年ごろから九州の地方中枢都市（広域中心都市）として，高次都市機能を高めつつ成長していった[21]．1989年には福岡アジア太平洋博覧会「よかトピア」が開催され，九州・山口から多くの観光客を集めた．それまで九州の都市観光といえば，城郭や庭園など名所見物や，博物館や美術館など施設見学が中心であった．しかし福岡市は，ショッピング，サービス，飲食，娯楽，芸術，スポーツ観戦，コンサート，会議や展示会など都市機能そのものを目的に集まる新しい都市観光，アーバンツーリズムの目的地となった．

　1987年に国鉄が分割民営化して福岡市を実質上の本社とする九州旅客鉄道

表3-4 JTBによる特A級及びA級評価の観光物件（1988-89，九州・沖縄）

| No. | 評価 | 観光地名 | 所在県 | No. | 評価 | 観光地名 | 所在県 | No. | 評価 | 観光地名 | 所在県 |
|---|---|---|---|---|---|---|---|---|---|---|---|
| 1 | AA | 虹の松原 | 佐賀県 | 10 | A | 雲仙岳 | 長崎県 | 25 | A | 指宿温泉 | 鹿児島県 |
| 2 | AA | 熊本城 | 熊本県 | 11 | A | 水前寺公園 | 熊本県 | 26 | A | 開聞岳 | 鹿児島県 |
| 3 | AA | 阿蘇山 | 熊本県 | 12 | A | 中岳（阿蘇） | 熊本県 | 27 | A | 知覧武家屋敷 | 鹿児島県 |
| 4 | AA | やまなみハイウェイ | 大分県・熊本県 | 13 | A | 草千里ガ浜 | 熊本県 | 28 | A | 佐多岬 | 鹿児島県 |
| | | | | 14 | A | 耶馬渓 | 大分県 | 29 | A | 種子島 | 鹿児島県 |
| 5 | AA | 別府温泉 | 大分県 | 15 | A | 宇佐神宮 | 大分県 | 30 | A | 屋久島 | 鹿児島県 |
| 6 | AA | 臼杵石仏 | 大分県 | 16 | A | 由布院温泉 | 大分県 | 31 | A | 縄文杉 | 鹿児島県 |
| 1 | A | 英彦山神宮 | 福岡県 | 17 | A | 九重連山 | 大分県 | 32 | A | 宮之浦岳 | 鹿児島県 |
| 2 | A | 祐徳稲荷神社 | 佐賀県 | 18 | A | 風連鍾乳洞 | 大分県 | 33 | A | 奄美大島 | 鹿児島県 |
| 3 | A | 嬉野温泉 | 佐賀県 | 19 | A | 西都原古墳群 | 宮崎県 | 34 | A | 徳之島 | 鹿児島県 |
| 4 | A | 壱岐 | 長崎県 | 20 | A | 都井岬 | 宮崎県 | 35 | A | 守礼門 | 沖縄県 |
| 5 | A | 対馬 | 長崎県 | 21 | A | 生駒高原 | 宮崎県 | 36 | A | 玉泉洞 | 沖縄県 |
| 6 | A | 崇福寺 | 長崎県 | 22 | A | えびの高原 | 宮崎県 | 37 | A | 中城城跡・公園 | 沖縄県 |
| 7 | A | 大浦天主堂 | 長崎県 | 23 | A | 霧島山 | 宮崎県・鹿児島県 | 38 | A | 今帰仁城跡 | 沖縄県 |
| 8 | A | グラバー園 | 長崎県 | | | | | 39 | A | 石垣島 | 沖縄県 |
| 9 | A | 長崎オランダ村 | 長崎県 | 24 | A | 桜島 | 鹿児島県 | | | | |

（注）JTB観光情報データバンク評価委員会による観光物件の独自評価．
　　　特A級ランク（AA）は国際的に優れた物件．A級は全国的レベルで優れた物件．
（出所）JTB［1988：1989］より筆者作成．

（JR九州）が誕生したことや，1990年代半ばに鳥栖JCTを中心に九州7県の県庁所在都市が高速道路で結ばれる「九州クロスハイウェイ」が整備され，西日本鉄道（西鉄）が主導して高速バス網が整備されたこと，福岡空港や博多港の国際化など，福岡市が広域交通結節点になったことも観光都市・福岡の発展を後押しした．そして現在，福岡市は宿泊客数や集客数などからみて，九州最大で全国レベル，国際レベルの観光地となっている．

工業都市としてのイメージが強かった北九州市では，1995年に門司港レトロ地区がグランドオープンし，関門海峡を挟んで対岸の下関市と一体となった観光地となっている．さらに北九州エコタウンの環境産業や工場見学など産業観光でも集客するようになった．

また，2005年に日本で4番目の国立博物館として九州国立博物館が太宰府市に開業した．ほかにも九州の主要都市では，観光を強く意識した博物館等のオープンが相次いでいる．佐賀城本丸歴史館（2004年，佐賀市），宮崎県立西都原考古博物館（2004年，西都市），長崎歴史文化博物館（2005年，長崎市），鹿児島市維新ふるさと館（2006年リニューアル，鹿児島市），熊本城本丸御殿（2008年，熊本市）

などである．

### 5　1990年代以降，多様化する観光地

1990年代以降の低成長時代に入ると，人々の価値観がますます多様化し，経済的格差も拡大した．それにより観光資源や観光地も一段と多様化している．

それまで観光とは無縁と思われていた農山漁村を訪れ，地元の人々と交流しつつ体験をするグリーンツーリズムが盛んとなった．九州では，安心院町（大分県宇佐市）の農村民泊，蒲江町（大分県佐伯市）のかまえブルーツーリズム，西米良村（宮崎県）のワーキングホリデー，小国町（熊本県）のグリーンツーリズム大学，小値賀町（長崎県）のおぢかアイランドツーリズム，松浦市（長崎県）の松浦党の里ほんなもん体験などが有名である．

1990年代初頭に登場した道の駅は，農山漁村を中心に急速に数を増やし，2015年1月には全国で1040カ所，九州・沖縄で126カ所を数える［大江 2015：113］．道の駅や農産物直売所は，都市住民や旅行者にとっては，新鮮で安価な地元農産物などを購入したり当地の情報を入手したりする観光拠点として，立地する地域にとっては，域外から活力を呼ぶゲートウェイ，地域の元気をつくる地域センターとしての役割を果たしている［大江 2015：113］．九州には，伊都菜彩（糸島市）や道の駅むなかた（宗像市）のように，全国でも有数の売上を誇るところもある．

食は観光の重要な目的の1つである．とくに1990年代以降は，高級食材を使った豪華料理よりも，安価で手軽に食べられるB級グルメ，ご当地グルメが注目されるようになった．九州でも数多くのご当地グルメが知られるようになり，なかにはそれ自体が目的化，観光地化するグルメも多い．

このほか，映画やテレビドラマの撮影を誘致してその後の観光にもつなげるフィルムコミッションや，プロ，アマのスポーツチームの合宿を誘致して観光にもつなげるスポーツキャンプ[22]，アニメやコミックに登場する舞台を旅行する聖地巡礼，ネット上で紹介された絶景ポイントやインスタ映えする場所，パワースポットへの訪問．さらに，芸能人や有名人の追っかけ，Jリーグでのアウェイ遠征，観光列車への乗車など，旅行の目的やスタイル，観光資源は極めて多様になっている．これらに伴い，これまで有名観光地ではなかったところに急に多くの観光客が訪れたり，人気に陰りが出ていた観光地に新たな客層が訪れたりするような現象も起こっている．

## 6　世界遺産

　最近では全国的に，ユネスコの世界遺産に登録されることで注目を浴び，観光客が増加する傾向にある．日本で初めて世界遺産が登録されたのは1993年であり，九州では鹿児島県の屋久島が世界自然遺産として登録された（表3-5）．それまでの自然観光は火山や海岸の独特の地形や景観を楽しむことが中心であった．しかし，森林そのものの美しさや生態系の多様さなどを学びつつ旅をするエコツーリズムが盛んとなり，屋久島は日本を代表するエコツーリズムの[23]

表3-5　九州・沖縄の世界遺産等

| 区分 | 指定年 | 名称 | 主な構成資産（地域） |
|---|---|---|---|
| 世界自然遺産 | 1993 | 屋久島 | 縄文杉，大王杉，宮之浦岳 |
| | 暫定リスト | 奄美・琉球 | 奄美大島，徳之島，沖縄本島北部，西表島 |
| 世界文化遺産 | 2000 | 琉球王国のグスク及び関連遺産群 | 首里城跡，今帰仁城跡，座喜味城跡，勝連城跡，中城城跡，斎場御嶽 |
| | 2015 | 明治日本の産業革命遺産　製鉄・製鋼，造船，石炭産業 | 端島炭坑（軍艦島），高島炭坑，三菱長崎造船所第三船渠，旧グラバー住宅，三重津海軍所跡，官営八幡製鐵所，三池炭鉱，三池港，三角西（旧）港，尚古集成館 |
| | 2017 | 「神宿る島」宗像・沖ノ島と関連遺産群 | 沖ノ島，宗像大社中津宮，宗像大社辺津宮，新原・奴山古墳群 |
| | 暫定リスト | 長崎と天草地方の潜伏キリシタン関連遺産 | 大浦天主堂，外海の出津集落，平戸の聖地と集落，黒島の集落，頭ヶ島の集落，奈留島の江上集落，久賀島の集落，原城跡，天草の﨑津集落 |
| 世界ジオパーク | 2009 | 島原半島ジオパーク | 早崎海岸，原城跡，龍石海岸，眉山の山体崩壊，白土湖，千々石断層，雲仙地獄，仁田峠第二展望所 |
| | 2014 | 阿蘇ジオパーク | 大観峰カルデラ，中岳，火山の神（阿蘇神社など），小国郷温泉，北外輪火砕流，南阿蘇湧水群，蘇陽峡 |
| 世界農業遺産 | 2013 | 阿蘇の草原の維持と持続的農業 | 「野焼き」，「放牧」，「採草」を中心に草原を人が管理し続けることで日本最大級の草原を維持 |
| | 2015 | 高千穂郷・椎葉山の山間地農林業複合システム | 針葉樹による木材生産，広葉樹を活用したしいたけ生産，高品質の和牛生産，茶の生産，棚田での稲作等を組み合わせ．伝統文化「神楽」 |

（出所）「日本の世界遺産一覧・リスト」「日本の世界遺産一覧」，環境省那覇自然環境事務所，長崎県の各HP，農林水産省［2017］より筆者作成．

拠点として多くの観光客を集めている．照葉樹林が美しい綾町（宮崎県）なども観光客が増えた．最近では，2017年3月に国内34カ所目の国立公園として「奄美群島国立公園」が誕生した．[24] "東洋のガラパゴス"と称される奄美群島は，沖縄県のやんばる国立公園や西表国立公園とともに，「奄美・琉球」として世界自然遺産への登録を目指している．

　世界文化遺産では，2015年に「明治日本の産業革命遺産　製鉄・製鋼，造船，石炭産業」が登録された．構成資産の大部分が九州・山口にある．それまでヘリテージツーリズム（産業遺産観光）として個別にPRしていたが，世界遺産登録を機に観光客が増加したところが多い．とりわけ長崎市の端島炭坑（軍艦島）では観光客が急増した．さらに2017年には「『神宿る島』宗像・沖ノ島と関連遺産群」が世界文化遺産となり，宗像大社が注目されている．そして，次の候補として「長崎と天草地方の潜伏キリシタン関連遺産」が世界文化遺産への登録を目指している．

　ただ同じような世界的機関による国際レベルの登録でも，世界ジオパーク[25]や世界農業遺産[26]は，現時点では観光への影響が相対的に小さい．

## 3　九州の観光地の現状と課題

　現状では，九州でどこの観光地が人気なのであろうか．旅行雑誌じゃらんが，九州を中心とする読者に対して毎年実施している「九州・山口人気観光地ランキング」によると，「2017年に泊りがけで行きたい観光地」は，ハウステンボス，由布院温泉，黒川温泉，別府，指宿温泉の順で，こちらは前年と順位が変わらず，上位10カ所までに福岡市とその郊外は入っていない（表3-6）．一方で実際に「2016年に行った観光地」は，博多，別府，由布院温泉，天神・大名，糸島・志摩の順であった（表3-7）．投票した読者の居住地の影響もあろうが，上位10位までの中に福岡市とその周辺が5カ所も入っており，九州における福岡の集客力の高さを示している．

　また，観光庁の宿泊旅行統計の参考表より，2016年の九州・沖縄の宿泊者数の市町村別ランキングをみると，福岡市が653万人泊で圧倒的に多い（表3-8）．以下，那覇市，鹿児島市，別府市，長崎市，熊本市，宮崎市と，別府市以外は県庁所在都市が上位に並ぶ．福岡市は全国の都市別でも4位であり，外国人宿泊者数も151万人泊と九州の他都市を圧倒している．

表3-6　2017年に泊りで行きたい観光地

| 順位 | 観光地名 | 県 | 予定人数 | 前年順位 |
|---|---|---|---|---|
| 1 | ハウステンボス | 長崎県 | 523 | 1 |
| 2 | 由布院温泉 | 大分県 | 357 | 2 |
| 3 | 黒川温泉 | 熊本県 | 346 | 3 |
| 4 | 別府（別府八湯） | 大分県 | 335 | 4 |
| 5 | 指宿温泉 | 鹿児島県 | 257 | 5 |
| 6 | 嬉野温泉 | 佐賀県 | 233 | 6 |
| 7 | 雲仙温泉 | 長崎県 | 208 | 8 |
| 8 | 霧島温泉 | 鹿児島県 | 201 | 7 |
| 9 | 南阿蘇（南阿蘇村・西原村・高森町） | 熊本県 | 169 | 11 |
| 10 | 天草 | 熊本県 | 165 | 9 |
| 11 | 門司港レトロ | 福岡県 | 140 | 16 |
| 12 | 阿蘇市（内牧温泉）・産山村 | 熊本県 | 136 | 9 |
| 13 | 高千穂・五ヶ瀬 | 宮崎県 | 127 | 11 |
| 14 | 糸島・志摩 | 福岡県 | 119 | 25 |
| 15 | 博多（博多駅周辺） | 福岡県 | 113 | 17 |

（注）調査対象は九州・山口の97の観光地。「九州・山口人気観光地ランキング」
（出所）リクルートライフスタイル［2017: 3-4］より筆者作成。

表3-7　2016年に行った観光地

| 順位 | 観光地名 | 県 | 来訪人数 | 前年順位 |
|---|---|---|---|---|
| 1 | 博多（博多駅周辺） | 福岡県 | 751 | 2 |
| 2 | 別府（別府八湯） | 大分県 | 731 | 1 |
| 3 | 由布院温泉 | 大分県 | 526 | 3 |
| 4 | 天神・大名 | 福岡県 | 513 | 4 |
| 5 | 糸島・志摩 | 福岡県 | 478 | 9 |
| 6 | ハウステンボス | 長崎県 | 460 | 5 |
| 7 | 太宰府 | 福岡県 | 423 | 6 |
| 8 | 門司港レトロ | 福岡県 | 420 | 12 |
| 9 | 海の中道・志賀島 | 福岡県 | 387 | 14 |
| 10 | 嬉野温泉 | 佐賀県 | 321 | 10 |
| 11 | 呼子 | 佐賀県 | 320 | 17 |
| 12 | 下関・長府 | 山口県 | 304 | 15 |
| 13 | 南阿蘇（南阿蘇村・西原村・高森町） | 熊本県 | 300 | 8 |
| 14 | 長崎市 | 長崎県 | 295 | 13 |
| 15 | 百道・姪浜 | 福岡県 | 287 | 16 |

（注）表3-6に同じ。
（出所）表3-6に同じ。

　これらのことから，①九州各地の人々や域外あるいは海外からの観光客は観光目的地として福岡に集まる傾向にある．そして，②福岡に宿泊して福岡を拠点に九州各地を巡る．③九州各地に宿泊する場合でも県庁所在都市に宿泊して県内各地を巡る，といった行動パターンが見えてくる．九州新幹線や東九州自動車道など高速交通機関の整備が進んで，今後この傾向はますます強くなることが予想される．九州各地はそれぞれの観光資源に磨きをかけ，来訪，宿泊客を増やす努力を行うべきであるが，同時に域外や海外から福岡を訪れる観光客を少しでも九州各地に分散する対策が必要となる．さらに，福岡から九州各県

表3-8 九州・沖縄の宿泊者数上位の市町村（2016年）

| 順位 | 都市名 | 延べ宿泊者数（人泊） | 全国順位 | うち外国人（人泊） | 外国人比率(%) |
|---|---|---|---|---|---|
| 1 | 福岡県福岡市 | 6,525,000 | 4 | 1,509,564 | 23.1 |
| 2 | 沖縄県那覇市 | 2,816,325 | 15 | 723,644 | 25.7 |
| 3 | 鹿児島県鹿児島市 | 2,022,092 | 20 | 158,982 | 7.9 |
| 4 | 大分県別府市 | 1,801,725 | 23 | 236,215 | 13.1 |
| 5 | 長崎県長崎市 | 1,575,922 | 30 | 188,339 | 12.0 |
| 6 | 熊本県熊本市 | 1,547,752 | 32 | 109,435 | 7.1 |
| 7 | 宮崎県宮崎市 | 1,452,786 | 34 | 123,130 | 8.5 |
| 8 | 福岡県北九州市 | 1,418,764 | 35 | 131,386 | 9.3 |
| 9 | 長崎県佐世保市 | 1,260,042 | 39 | 123,436 | 9.8 |
| 10 | 大分県大分市 | 805,882 | 63 | 28,126 | 3.5 |
| 11 | 沖縄県名護市 | 791,517 | 66 | 167,886 | 21.2 |
| 12 | 鹿児島県霧島市 | 770,454 | 69 | 91,300 | 11.9 |
| 13 | 沖縄県石垣市 | 763,172 | 71 | 25,046 | 3.3 |
| 14 | 鹿児島県指宿市 | 544,798 | 96 | 58,986 | 10.8 |
| 15 | 佐賀県佐賀市 | 498,576 | 100 | 45,401 | 9.1 |

（注）2016年の各月の「参考第6表」の数値を12カ月分合計．
　　　全国順位は，1カ月でも掲載のあった232の特別区及び市町村内での順位．
（出所）観光庁「宿泊旅行統計」．

へ，九州各県でも県都から各観光地へと域内の観光客を分散することも必要となるだろう．

注
1) 例えば，国立公園，国定公園，温泉など．
2) 例えば，文化財，公園，イベント，博覧会，祭り，郷土料理，伝統工芸品，産業遺産など．
3) 例えば，風景，景観など．
4) 例えば，観光施設，博物館，美術館，アミューズメント施設など．
5) 『日本鑛泉誌』は日本初の政府による温泉の全国調査である．含有成分の記載に重点が置かれているためか，全て温泉ではなく鉱泉という名称である．

6）凡例には「浴客の人員は明治11年以後2～3年間を平均し一ヶ年の概数を挙ぐ．その平均に非ざる者は何年云々と記す」とある．
7）以下の別府や雲仙の記述は，田代［2003：7］や田代［2005：11-14］より引用，加筆している．
8）定期観光バスやバスガイドは，"別府観光の父"と称される油屋熊八が日本で初めて導入したと言われている．油屋熊八は別府温泉の知名度アップにも尽力した．
9）環境省HP「日本の国立公園」．
10）以下の宮崎，西海，九州横断ルートなどの記述は，田代［2003：7］や田代［2005：14-15］より引用，加筆している．
11）日南海岸は国定公園である．
12）宮崎の観光開発のリーダーは，当時の宮崎交通社長で"宮崎観光の父"と称される岩切章太郎である．
13）環境省HP「日本の国立公園」．
14）環境省HP「日本の国立公園」．
15）環境省HP「日本の国立公園」．
16）環境省HP「日本の国立公園」．
17）以下の由布院や黒川，リゾート・テーマパークなどの記述は，田代［2003：7-8］や田代［2005：15-16］より引用，加筆している．
18）由布院のリーダーとして中谷健太郎（亀の井別荘）や溝口薫平（由布院玉の湯）らが有名である．
19）露天風呂づくりの先駆者として後藤哲也（新明館）が有名である．
20）ハウステンボスの前身は，東京ディズニーランドと同じ1983年に長崎県西彼杵町に開業した長崎オランダ村である．
21）以下の福岡市の記述は，田代［2016：65-120］より引用，修正している．
22）例えば，冬季の優れた気候条件からプロ野球やJリーグをはじめ毎年多数のチームがキャンプを行う宮崎県では，スポーツキャンプやイベントの誘致等に積極的に取り組む「スポーツランドみやざき」づくりを推進している（宮崎県HP）．
23）霧島屋久国立公園は，2012年3月に「霧島錦江湾国立公園」と「屋久島国立公園」とに再編された．
24）環境省HP「日本の国立公園」．
25）世界農業遺産は，社会や環境に適応しながら何世代にもわたり形づくられてきた伝統的な農林水産業と，それに関わって育まれた文化，ランドスケープ，生物多様性などが一体となった世界的に重要な農林水産業システムを国連食糧農業機関（FAO）が認定する仕組．2017年現在，世界では17カ国38地域，日本では8地域が認定されている．
26）ジオパークとは，「地球・大地（ジオ：Geo）」と「公園（パーク：Park）」とを組み

合わせた言葉で,「大地の公園」を意味し,地球(ジオ)を学び,丸ごと楽しむことができる場所.2017年5月現在,世界35カ国,127地域にユネスコ世界ジオパークがあり,そのうち8地域が日本にある.

## 参考文献

朝日新聞西部本社広告部［1965］『観光総合調査NO.3──旅行に関するアンケート調査──』朝日新聞西部本社.
大江英夫［2015］「観光的視点から見た『道の駅』の現状と課題──九州・沖縄の事例を中心に──」『商経論叢』(九州産業大学),56(2).
香川眞編［2007］『観光学大事典』木楽社.
北村正光［1997］『明治後期産業発達史資料　第344巻　日本鉱泉誌(下)』龍溪書舎.
JTB［1988］『JTBの新日本ガイド㉒九州 i　北・西部』JTB日本交通公社出版事業局.
──────［1989］『JTBの新日本ガイド㉓九州 ii　南部・沖縄』JTB日本交通公社出版事業局.
田代雅彦［2003］「新しい観光・集客戦略」『2003年版 九州経済白書　新しい観光・集客戦略』九州経済調査協会.
──────［2005］「九州観光の動向と振興戦略」『九州観光マスター検定　3級検定公式テキストブック』福岡商工会議所.
──────［2016］『エリア規模の違いからみた観光による地域振興に関する研究』九州大学大学院経済学府経済システム専攻提出,博士学位論文.
辻原康夫［2007］「41　観光資源」,香川眞編『観光学大事典』木楽社.
山上徹［2007］「43　観光地」,香川眞編『観光学大事典』木楽社.

<ウェブサイト>
環境省HP「日本の国立公園」(http://www.env.go.jp/park/, 2017年10月26日閲覧).
環境省那覇自然環境事務所HP「奄美大島,徳之島,沖縄島北部及び西表島世界自然遺産候補地科学委員会」(http://kyushu.env.go.jp/naha/nature/mat/m_5.html, 2017年11月26日閲覧).
観光庁［2010］『観光立国推進基本法』(http://www.mlit.go.jp/common/000058547.pdf, 2017年9月8日閲覧).
長崎県「長崎と天草地方の潜伏キリシタン関連遺産について」HP (https://www.pref.nagasaki.jp/s_isan/, 2017年11月26日閲覧).
日本ジオパークネットワーク HP (http://geopark.jp/, 2017年11月26日閲覧).
日本の世界遺産一覧 HP (https://nihon-sekaiisan.com/zantei-list/, 2017年11月26日閲覧).
日本の世界遺産一覧・リスト HP (http://sekaijapan.web.fc2.com/, 2017年11月26日閲覧).
農林水産省［2017］『世界農業遺産パンフレット』(http://www.maff.go.jp/j/nousin/kantai/attach/pdf/giahs_1-10.pdf, 2017年11月26日閲覧).
宮崎県HP「スポーツ」(http://www.pref.miyazaki.lg.jp/miryokuippai/sports.html, 2017年

11月27日閲覧).

リクルートライフスタイル [2017]『じゃらん九州・山口人気観光地ランキング』第20回調査(結果発表, https://www.recruit-lifestyle.co.jp/uploads/2017/06/RecruitLifestyle_jalan_201706301.pdf, 2017年9月8日閲覧).

# 第4章
## 九州の温泉地域と地域振興

◎要約

　日本の観光地域の大半は温泉地域と言っても過言ではない．高度経済成長期では，日本の温泉地域の大半は，従来の療養温泉地域（湯治場）から歓楽・観光を意識した観光温泉地域に転換した．しかし，1973年の石油危機以降，団体旅行が減少して，大型化した温泉旅館は客数が伸び悩み，経営危機を迎えることになった．とはいえ，安定経済成長期以降，いわゆる秘湯系・癒し系と言われる温泉地域が注目を浴びるようになった．九州地方では黒川と由布院が知られる．

　この章では，九州地方の温泉地域を概観し，国民保養温泉地の実態を学んだ上で，黒川・由布院の地域振興・活性化の動向，あわせて別府の状況についても学習したい．

　最初に全国的な温泉地域，そして九州地方の温泉地域の状況，次に温泉地域としての本来の機能を有する国民保養温泉地の実態，さらには九州地方を代表する温泉地域を事例としてとりあげたい．最後は温泉地域の地域振興・活性化について事例を通して明確にしたい．

学習の課題
1. 温泉地域とインバウンドの関係について調べてみよう．
2. 他の温泉地域を事例として，自分で調査・研究をしてみよう．
3. 黒川・由布院・別府などを事例として，新しい動きを調べてみよう．

**keyword**
黒川温泉・由布院温泉・別府温泉・温泉地域・地域振興・まちづくり・活性化・地域資源

# 1 温泉地域の状況

## 1 全国的な傾向

環境省のデータによると，2016（平成28）年3月末現在，全国には3084カ所の温泉地域（宿泊施設を伴う）が成立している[1]．2015年は3158カ所なので，成熟期を迎えていると言えよう．その他の数値も伸び悩んでいる．しかし，年間延宿泊利用人員は1億3206万4038人を示し，増加傾向を示している（表4-1）．

## 2 停滞する観光温泉地域

日本の温泉地域は，1960年代の高度経済成長期において，団体客を対象とした観光化・歓楽化が進展し，その大半は療養温泉地域（湯治場）から観光温泉地域へ方向転換を行い，その究極は熱海・伊東・別府など温泉都市観光地域が成立することになった［浦 2006］．温泉旅館が大規模化することによって，観光客の囲い込み（取り込み）が進み，館内に付帯施設が充実した．その結果は旅館から街中へ出かける観光客が減少し，温泉街が疲弊することになった．つまり温泉情緒が失われることになった．

とはいえ，旧来型の一部経営者は，高度経済成長期の夢（団体志向・宴会志向）から脱しきれず，時代の変化を読みきれない経営姿勢を貫いている．旧態依然とした経営体質は設備投資をした資金を回収出来ず，悪戦苦闘が続いている．21世紀に入って，経営者の交代が頻繁となり，その結果は異業種からの旅館再生企業・外来資本などの進出を許すことになった．世の中，個人旅行・家族旅行など，いわゆる小間（コマ）客の時代に入っているが，これを嫌う傾向がいまだに散見される．

表4-1　日本の温泉統計（2015〜2016年）

| 内訳 | 温泉地数 | 源泉総数 | 湧出量 | 自噴湧出量 | 動力湧出量 | 宿泊施設数 | 温泉利用の公衆浴場 | 年間延宿泊利用人員 |
|---|---|---|---|---|---|---|---|---|
| 単位 | カ所 | カ所 | L／min | L／min | L／min | 軒 | 軒 | 人 |
| 2016年 | 3,084 | 27,201 | 2,567,823 | 681,444 | 1,886,379 | 13,108 | 7,864 | 132,064,038 |
| 2015年 | 3,158 | 27,366 | 2,630,621 | 733,740 | 1,896,881 | 13,277 | 7,886 | 128,012,222 |

（注）環境省の温泉利用状況により作成．3月末現在．宿泊施設のある温泉地数．

### 3 癒し系・秘湯系が人気

ところで，安定経済成長期以降，特に21世紀に入って，いわゆる癒し系・秘湯系の温泉地域が人気を集めている．いずれの温泉地域も高度経済成長期に取り残された温泉地域で，一般的には交通が不便な場所にある．

特色としては，その大半が小規模旅館で，当初から小間客を対象とした経営を行っていた．しかも，一般的には源泉の傍に温泉浴槽があり，いわゆる源泉旅館としての存在価値があった．

具体的には，癒し系の温泉地域として，乳頭（秋田県）・黒川（熊本県）・由布院（大分県）など，秘湯系の温泉地域として，酸ヶ湯（青森県）・白骨（長野県）などがあげられよう．

## 2 九州地方の温泉地域の状況

### 1 概要

2016（平成28）年3月末現在，九州地方には8県で367カ所の温泉地域（宿泊施設を伴う）が成立している（表4-2）[2]．2015年は369カ所なので，数からみれば停滞傾向にあると言えよう．

表4-2 九州地方の温泉統計（2016年）

| 府県 | 温泉地数 | 源泉総数 | 湧出量 | 自噴 | 動力 | 宿泊施設数 | 温泉利用の公衆浴場 | 年間延宿泊利用人員 |
|---|---|---|---|---|---|---|---|---|
| 単位 | カ所 | カ所 | L／min | L／min | L／min | 軒 | 軒 | 人 |
| 福岡県 | 54 | 429 | 59,898 | 1,058 | 58,840 | 92 | 142 | 1,356,075 |
| 佐賀県 | 24 | 184 | 20,649 | 1,171 | 19,479 | 110 | 133 | 843,711 |
| 長崎県 | 31 | 198 | 27,147 | 7,205 | 19,942 | 91 | 123 | 1,609,765 |
| 熊本県 | 54 | 1,345 | 134,447 | 25,092 | 109,335 | 413 | 342 | 3,257,600 |
| 大分県 | 64 | 4,342 | 279,462 | 116,810 | 162,652 | 779 | 371 | 5,493,615 |
| 宮崎県 | 32 | 206 | 24,558 | 3,556 | 21,002 | 66 | 101 | 723,449 |
| 鹿児島県 | 100 | 2,773 | 156,324 | 54,781 | 101,543 | 385 | 553 | 2,355,880 |
| 沖縄県 | 8 | 13 | 3,678 | 1,369 | 2,309 | 9 | 16 | 1,078,533 |
| 九州 | 367 | 9,490 | 706,163 | 211,042 | 495,102 | 1,945 | 1,781 | 16,718,628 |
| 全国 | 3,084 | 27,201 | 2,567,823 | 681,444 | 1,886,379 | 13,108 | 7,864 | 132,064,038 |

（注1）環境省の温泉利用状況により作成．3月末現在．宿泊施設のある温泉地数．
（注2）熊本県の湧出量に誤差がある．自噴・動力でどちらか20L少ない．

九州地方の温泉地数では鹿児島県100がトップで，以下，大分県64・福岡県54・熊本県54・宮崎県32・長崎県31・佐賀県24と続き，沖縄県8が一番少ない．福岡県がやや増加傾向にある．

### 2　九州地方を代表する温泉地域

県別に代表的な温泉地域をみると，福岡県では二日市・原鶴など，佐賀県では古湯・武雄・嬉野など，長崎県では雲仙・小浜・壱岐湯ノ本など，熊本県では杖立・南小国温泉郷（黒川・満願寺など）・わいた温泉郷（はげの湯・岳の湯・山川など）・玉名・菊池・山鹿・平山・阿蘇温泉郷（内牧・垂玉・地獄など）・日奈久・天草下田・湯の児・湯の鶴・人吉など，大分県では別府温泉郷（別府・浜脇・観海寺・堀田・明礬・鉄輪・柴石・亀川）・塚原・由布院・湯平・天ヶ瀬・九重"夢"温泉郷（筋湯・長者原・寒の地獄・壁湯・龍門・九酔渓・宝泉寺・川底・湯坪・筌の口・筌の口・馬子草など）・長湯・塚野・耶馬溪温泉郷など，宮崎県では京町・えびの高原・北郷など，鹿児島県では霧島温泉郷（硫黄谷・林田・丸尾・栗野岳・新湯・湯之谷など）・霧島神宮温泉郷・新川渓谷温泉郷（塩浸・安楽・妙見など）・日当山・鹿児島市内・古里・指宿・川内高城・宮之城・入来・市比野・湯之元などがある．

# 3　国民保養温泉地

### 1　国民保養温泉地とは

国民保養温泉地とは，環境省のHPによると，次の通りである[3]．表現・記号などは分かりやすく変更した．

国民保養温泉地とは，温泉の公共的利用増進のため，温泉利用の効果が十分期待され，かつ，健全な保養地として活用される温泉地を「温泉法」に基づき，環境大臣が指定するものである．

国民保養温泉地の選定は，概ね以下の基準によって行っており，1954（昭和29）年から指定が始まった．2017（平成29）年6月末現在では，全国で97カ所が指定されている．

①温泉の効能，ゆう出量及び温度に関する条件[4]
　i 泉効が顕著であること．
　ii ゆう出量が豊富であること．

ⅲ 利用上適当な温度を有すること．
②温泉地の環境に関する条件
　　ⅰ 環境衛生的条件が良好であること．
　　ⅱ 附近一帯の景観が佳良であること．
　　ⅲ 温泉気候学的に休養地として適していること．
　　ⅳ 適切な医療施設及び休養施設を有するか又は将来施設し得ること．
　　ⅴ 医学的立場から適正な温泉利用，健康管理について指導を行う顧問医が設
　　　置されていること．
　　ⅵ 交通が比較的便利であるか又は便利になる可能性のあること．
　　ⅶ 災害に対し安全であること．

### 2　指定の実際

　国民保養温泉地は1954年に指定が始まった．第1号の指定として，酸ヶ湯温泉（青森県）・奥日光湯元温泉（栃木県）・四万温泉（群馬県）がある．その背景としては，次の通りである．
　温泉法（1948年制定）第14条（現在の29条）に基づいて環境省が指定をした温泉地となる．温泉利用の効果が充分期待され，かつ健全な温泉地としての条件を備えている温泉地からなる．
　源泉に関する条件として，適応症・湧出量・湧出温度．
　温泉地に関する条件として，健全性・景観・環境，医療設備・スタッフの充実，交通の便・災害に対する安全性．
　施設の整備として，温泉利用施設（療養施設・保健休養施設・宿泊施設など）・交通施設・公共施設・野営場・運動施設・園地などの整備などを行う．

### 3　2015年5月1日現在の指定数は92カ所

　91番目の指定は，2002（平成14）年，塩江温泉（香川県）の指定だったが，久しぶりに92番目として芦之湯温泉（神奈川県）が指定された．なお，竹田温泉群（長湯温泉，住温泉郷，竹田・荻温泉）（大分県）は地域の変更を行った．長湯は1978（昭和53）年に指定されている．

### 4　2016年5月20日現在の指定数は94カ所

　新たに2カ所が指定された．五頭温泉郷（新潟県阿賀野市）と二岐・岩瀬湯本・

天栄温泉（福島県岩瀬郡天栄村）である．
　なお，奥鳴子・川渡温泉郷は鳴子温泉郷（宮城県大崎市）として地域等の変更を行った．さらに日光湯元温泉は奥日光湯元温泉（栃木県日光市）として名称変更を行った．

### 5　2017年5月17日現在の指定数は97カ所
　新たに3カ所が指定された．具体的には大館ぐるみ温泉郷（秋田県大館市）・梅ケ島温泉郷（静岡市葵区）・湯郷温泉（岡山県美作市）である．

### 6　九州地方の国民保養温泉地
　九州地方の国民保養温泉地としては，福岡県の筑後川温泉（うきは市）・吉井温泉（うきは市），佐賀県の古湯・熊の川温泉（佐賀市），長崎県の雲仙・小浜温泉（雲仙市），壱岐湯本温泉（壱岐市），熊本県の天草下田温泉（天草市）・南小国温泉郷（阿蘇郡南小国町）・湯の鶴温泉（水俣市），大分県の湯布院温泉（由布市）・竹田温泉群（竹田市），鉄輪・明礬・柴石温泉（別府市），鹿児島県の霧島温泉（霧島市）・隼人・新川渓谷温泉郷（霧島市）がある．
　宮崎県と沖縄県には国民保養温泉地は存在しない．

# 4　九州地方の事例

　ここでは，九州地方を代表する温泉地域を取り上げ，その概要を把握しよう［温泉地域研究 2013; 浦 2017］．なお，有名温泉である黒川・由布院・別府は「地域振興」の項で述べたい．

### 1　原鶴温泉（福岡県朝倉市）
　原鶴温泉は福岡県朝倉市に位置する．泉質は弱アルカリ性単純泉（pH8.5以上）と単純硫黄泉からなる．従ってW美肌の湯と言われている．
　地勢は筑後川に面する．開湯の由来は諸説ある．その1つは「漁師が雪の日に雪が積もらない場所を見つけて行ってみると，そこが温泉だった」説，もう1つは，「ケガをした鶴が浸かり，傷を癒して飛び立った後の水たまりが温泉だった」という話である．いずれにせよ，江戸時代は，街道の宿場である久喜宮（くぐみや）宿と志波宿の間にあって，湯治場として利用された．1970年代

に放水路が出来るまで，温泉集落の近くまで田園地帯が広がり，のどかな趣きを残していた．

筑後川では毎年5～10月の間，鵜飼漁が開催され，鵜が天然鮎を取る様子を屋形舟で鑑賞することが出来る．

## 2 武雄温泉（佐賀県武雄市）

武雄温泉は佐賀県武雄市に位置する．泉質は弱アルカリ単純泉である．肥前国風土記に登場する歴史の古い温泉地である．江戸時代まで柄崎（塚崎）温泉と称された．

平安時代末期から鎌倉時代にかけて，後藤氏（肥前に拠点をもった鍋島の旧姓）が武雄温泉を整備し，聖一国師が廣福寺を開山し，世に知れるようになった．

安土桃山時代には，豊臣秀吉が朝鮮出兵を行い，その際，負傷や癒しのために武雄で湯治したと言われる．

江戸時代に入ると，佐賀藩の鍋島家藩主が湯治で滞在するようになった．享保年間（1716～1735年）には，本陣や脇本陣が整備されて，参勤交代の大名行列が訪れ，隣の嬉野温泉と主に長崎街道の宿場町として機能することになった．長崎のオランダ商館の役人・行商人なども訪れた．

明治になると，1895（明治28）年に現在の武雄駅（現在の武雄温泉駅）が開業して入湯客が増加した．この駅の開業で，武雄温泉という地名が一般的に用いられることになった．1915（大正5）年，辰野金吾（唐津市出身）が天平式楼門と共同浴場（新館）を設計し，武雄のシンボルとなったことも繁栄のベースとなった．

また，1923年に武雄温泉㈱を設立し，源泉の管理が適切に行われ，昭和初期には各旅館に内湯が設けられた．

高度経済成長期では，新源泉の掘削と共に温泉集落が拡大した．旅館の規模も拡大し，療養温泉地域（湯治場）から観光温泉地域に転換することになった．

## 3 嬉野温泉（佐賀県嬉野市）

嬉野温泉は佐賀県嬉野市に位置する．泉質はナトリウム－炭酸水素塩・塩化物泉である．その歴史は古く，神功皇后の時代（201～269年）までさかのぼる．神功皇后は，西征の帰途の際，傷を負った白鶴が湯浴みをして元気になったさまをみて「あな，うれしや」と感嘆したとのこと．この言葉が転じて，「あな

うれしや」と発したのである．従って，嬉野という地名は，この逸話によって「うれしや」と呼ばれていたいとされる（諸説あり）．（温泉組合では「うれしいの」が嬉野となったと記述されており，由来に諸説がある）．肥前国風土記では，万人の病を治す名湯として嬉野の名が上げられている．

江戸時代に入ると，長崎街道の宿場町として栄えた．当時の様子は，「和漢三才図会」（江戸時代中期に寺島良安が編纂）・「江戸紀行」などに記載されている．

高度経済成長期には西の別府と称されるほど，歓楽化が進んだ．現在，嬉野川を挟んで旅館が成立している．温泉集落の中心部の足湯広場には，「シーボルトの足湯」がある．その近くに，1924（大正13）年，ドイツ人の設計で造られた公衆浴場「古湯」があったが，老朽化と福岡県西方沖地震（2005年）の影響によって取り壊された．しかし，2010年4月1日，当時の設計通りに復元し，新名称「シーボルトの湯」として再開した．

なお，嬉野は美肌の湯と知られ，飲用にも適している．温泉水を使用した温泉湯豆腐は代表的な名物となり，「嬉野温泉湯どうふ」は嬉野市によって商標登録された．また古くから茶の産地として知られる．

### 4 雲仙温泉 （長崎県雲仙市）

雲仙温泉は長崎県雲仙市小浜町雲仙に位置する．泉質は硫黄泉である．雲仙妙見岳の南西，標高700mの地点に展開する．その歴史は古く，開湯は701（大宝元）年，行基が温泉山満明寺を建立したことに始まる．同時に温泉神社も建立されたとされる．

温泉地として開発は，島原藩主・松平忠房（1619～1700年）の時代で，彼の命によって湯守を勤めた加藤善右衛門が湯宿（現在の湯元ホテル）を始めたことによるとされる．

幕末には吉田松陰が当地を訪れ，シーボルト（ドイツの医師・博物学者）らによって外国へ紹介されたのである．

明治・大正期になると，中国・上海租界の欧米人が保養地として雲仙を訪問した．パール・S・バックやヘレン・ケラーも一時滞在し，そのため，1935（昭和10）年，外国人向けの洋式ホテルである雲仙観光ホテルが建設された．大正期では，吉井勇・斎藤茂吉などが訪問している．1934（昭和9）年に雲仙は瀬戸内海・霧島と共に日本で初めての国立公園に指定された．

第2次世界大戦後，松竹映画「君の名は」（1953～1954年）（全3部）のロケ地

として雲仙地獄が撮影され，観光地域として注目されることになった．一方，1956年には国民保養温泉地の指定を受け，保養温泉地域として力量を高めることになった．

現在，温泉集落は雲仙地獄（噴気帯）を囲むように成立し，地獄内に遊歩道が整備されている．共同浴場としては，湯の里共同浴場，新湯温泉共同浴場，古湯地区に湯の里温泉共同浴場，小地獄温泉地区に小地獄温泉館などが存在する．

### 5　指宿温泉（鹿児島県指宿市）

指宿温泉は鹿児島県指宿市に位置する．泉質は塩化物泉である．地勢は薩摩半島東南端の錦江湾沿いに展開する．名称の由来は「湯豊宿（ゆぶしゅく）」と言われているが，諸説ある．近世までは，高温の温泉や噴気口が点在する湿原であり，危険な場所とされていた．しかし，浴用・炊事用と共に，麻の加熱処理として利用されていた．1843（天保14）年，薩摩藩が編纂した『三国名勝図会』には多くの温泉が紹介されている．

明治期になると，温泉の深度が地下数mと浅いため，広範囲にわたって温泉開発が進んだ．特に1919（大正8）年頃から1955（昭和30）年頃にかけて温泉熱を農業や製塩に利用するため，大量の温泉が汲み上げられた．その結果，古くから泉源の枯渇や温度低下などの問題が多発した．

そのため，新規温泉掘削が進み，1957年には地下200〜300mの新たな泉源が温泉が発見され，湯量が安定することになった．

指宿と言えば，砂蒸し風呂が知られる．海岸沿いの摺ヶ浜（すりがはま）一帯では，砂浜を掘れば温泉の砂蒸しが体験出来る．三国名勝図会によれば，摺ヶ浜では1703（元禄16）年から「砂蒸し湯治」として利用されていたという記録がある．

高度経済成長期には，旅館の大規模化が進み，鹿児島観光の宿泊拠点として機能した．代表的なイベントとしてマラソン大会がある．1982（昭和57）年から毎年1月の第2日曜日に指宿温泉マラソン（1984年からいぶすき菜の花マラソン）が開催され，毎年1万人以上の参加者を集めている．

## 5　温泉地域の地域振興

近年の日本は経済的な数値が好転したとはいえ，地方都市の商店街・観光地

域・温泉地域などは苦戦をしいられている．その地域振興のテーマは「集客」であり，活性化がテーゼとなっている．九州地方の温泉地域の地域振興・活性化の代表的な事例として，黒川（熊本県）・由布院（大分県）・別府（大分県）が知られる［温泉観光実践士養講座実行委員会 2014;浦 2017］．ここでは3温泉を事例として，その実際を把握したいと思う．筆者のこれまでの経験では，地域活性化に取り組む温泉地域は，ハード（建物など）の充実よりもソフト（経営など），さらにはハート（精神・アイデアなど）の活用が優れていると思う．黒川の場合は入湯手形と露天風呂，由布院の場合は田園風景とイベント，別府の場合は温泉・歴史・文化などの活用である．具体的には地域資源（自然・歴史・産業・文化）の有効活用，「在るものを活かす」と言う「まちづかい型のまちづくり」を実践していると言えよう．

### 1　黒川温泉の地域振興

①九州横断道路の開通（1964年）前

　江戸時代の黒川温泉は街道筋の温泉場として機能し，肥後の殿様などが参勤交代の途中で利用したと言われる．明治・大正・昭和戦前は近隣の湯治場として成立し，1964年6月8日には南小国温泉郷（黒川・満願寺・田の原）が国民保養温泉地として指定を受けた．

②九州横断道路の開通（1964年）後

　高度経済成長期では一時期，観光客が入り込んだが，平凡な山の温泉地のため，ブームは数年で終了した．ただし，洞窟風呂を整備した新明館だけが継続的に繁栄した．

　1975年頃から世代交代が始まり，1986年から入湯手形の発行（露天風呂めぐり）が始まった．そして，1987年以降は集落内の看板の統一，雑木の植林を開始し，風を活かした地域づくり（風土・風景・風習）が始まった．1998年にはじゃらん（九州・山口版）の人気観光地調査で1位を占め，黒川の知名度は全国的に拡大した．

　しかし，2003年11月，アイレディース宮殿黒川温泉ホテルがハンセン病元患者の宿泊を拒否し，黒川のイメージダウンとなった．年間の宿泊客は約40万人から約30万に落ち込むことになった．

　2009年には，平野台高原展望所を恋人の聖地として認定，さらには「野みちをゆく」ウオーキングコースを整備することで，入湯手形を克服する試みが行われた．2016年には入湯手形発行30周年，さらには温泉旅館の新規開業が見ら

れ，現在，30軒が経営している．

## 2　由布院温泉の地域振興
### ①奥別府としての由布院
　1921（大正10）年，油屋熊八（愛媛県出身，別府で亀の井旅館経営）が金鱗湖畔で亀の井別荘を開業し，温泉地域として注目をあびることになった．1924（大正13）年10月11日，日比谷公園などの造園で知られる本多静六（林学博士）が『由布院温泉発展策』の講演を行い，保養温泉地域としての方向性を示したと言われる．昭和初期には北原白秋・与謝野鉄幹・晶子夫妻・久米正雄・高浜虚子・武者小路実篤・徳富蘇峰などが由布院を訪問したが，別府訪問が主目的で，立ち寄り先として選ばれたに過ぎない．

### ②第2次世界大戦後
　戦後の由布院は温泉地域としての方向性が見い出せず，1952年にはダム建設計画で水没の危険性にさらされた．しかし，1955年には湯布院町の誕生（由布院町と湯平村の合併）によって，岩男頴一町長（36歳）が就任し，別府とは趣を異にする健全な保養温泉地域づくりを提案したのである．
　1964年の九州横断道路の開通は観光地域として注目を浴びるようになった．別荘開発・大規模旅館の進出などが企てられたが，地元住民は反対を宣言した．その契機は，1971年の明日の湯布院を考える会の設立である．別府との境界に位置する猪の瀬戸の自然を守るための市民運動がベースとなった．その後は，保養温泉地域の途を目指して，田園風景を生かして各種イベントが導入された．具体的には，1972年の牛一頭牧場運動（牛喰い絶叫大会）・1975年のゆふいん音楽祭・辻馬車の運行・1976年の湯布院映画祭の開催などである．そして，若手旅館経営者の志手・中谷・溝口の3人がヨーロッパの温泉地域を視察し，「もっとも住み良い町こそ優れた観光地である」をテーマとして，クアオルト（保養温泉地域）構想が一段と推進することになった．

## 3　別府温泉の地域振興
### ①オンパク（2001年）前史
　別府は江戸時代以降温泉地域として繁栄し，高度経済成長期には日本を代表する温泉都市観光地域に成長した．しかし，1973年の石油危機以降，団体客が減少し，温泉地域としての方向性を見失うことになった．その解決策の一歩と

して別府八湯温泉泊覧会（オンパク）が行われることになった.

　1996（平成8）年8月8日，別府の若手経営者が，別府の危機を克服するために，別府産業経営研究会（産研）を設立し，「別府八湯勝手に独立宣言」を行い，別府八湯のPRを本格的に行うことになった．1998年12月2日には，民間のまちづくり組織として別府八湯竹瓦倶楽部が誕生し，1999年7月には竹瓦界隈路地裏散歩を開始した．これはその後別府八湯で展開する別府八湯ウォークに先鞭をつけた．2001年3月25日には別府八湯温泉道がスタートした．豊富で多彩な温泉を意識した温泉施設の88カ所巡り（スタンプラリー）である．

②オンパクの開催

　第1回オンパクは2001年10月19日から28日まで開催した．別府の理想像を求めたイベントとしてスタートしたもので，1996年から続けてきた研究会や諸活動の成果を生かすことになった．第1回オンパクの目的は，別府八湯の新たな魅力の創造・観光交流人口の増加・温泉保養・長期滞在・八湯エリアの再認識・体験・健康増進・別府八湯のPRなどである．テーマとプログラムは，温泉・健康・癒し・歩く・食をテーマに約200のプログラムを開催し，1万人を集客した．イベントの講座の講師は40人以上で，別府を主とした人材を活用した．現在，オンパク的な手法は，全国や東南アジアまで展開し，80カ所をこえることになった．

　日本の温泉地域は，著名な一軒宿や黒川などを除いて経営上悪戦苦闘している．別府では旅館再生企業・外来資本などの進出を許し，温泉地域としての方向性は見い出せていない．いずれにしても，何事もそうだが「集客」がテーマであり，今後はいままで以上に地域の活性化・地域振興が最大の課題となろう．そのためには，地域資源（自然・歴史・産業・文化）の活用，在るものを活かす・まちづかいの精神で，経営者・行政・市民などで努力を重ねたい．

注
1）環境省の温泉統計（https://www.env.go.jp/nature/onsen/data/riyo_h27.pdf, 2017年11月3日閲覧）．
2）環境省の温泉統計（https://www.env.go.jp/nature/onsen/data/riyo_h27.pdf, 2017年11月3日閲覧）．
3）環境省の国民保養温泉地の定義（https://www.env.go.jp/nature/onsen/area/, 2017年

11月3日閲覧).
4) 環境省の国民保養温泉地の定義（https://www.env.go.jp/nature/onsen/area/, 2017年11月3日閲覧).［1］温泉の効能, ゆう出量及び温度に関する条件の中に「功能」を使用しているが「適応症」に変更すべきだと思う.

###  参考文献

浦　達雄［2006］『別府温泉郷の観光地域形成に関する研究』クリエイツ.
─────［2017］『温泉地域論講義ノート』クリエイツ.
温泉観光実践士養成講座実行員会［2014］『温泉の正しい理解と温泉地の活性化　第5改訂版』クリエイツ.
日本温泉地域学会［2013］『温泉地域研究』20.

# 第5章
## 観光と交通

◎要約

　九州が1つの地域として取り組む「九州観光戦略」を基本概念として，観光と交通の関係，観光に於ける交通インフラの重要性，交通事業者に於ける観光の位置づけを，鉄道，自動車（高速道路網），海上交通，航空の事業種ごとに解説している．

　JR九州のように，元来から県境を越えた事業展開している事業者と，地域住民の足として，或いは島民の足として機能してきた路線バス事業者や航路事業者とは，観光に取り組む姿勢や視点も自ずと違うところであるが，互いを理解し，協力して，それぞれの観光分野に於ける役割を果たすことが「広域周遊ルート」の充実につながることを認識して欲しい．

学習の課題
1．九州の主要都市とその地区の拠点ターミナル（駅，空港，港，バスターミナル），及び主な観光地のロケーションを把握すること．
2．九州の地理的優位性（上海と東京，ソウルと大阪が同じ距離等）を理解していること．

**keyword**

九州地域戦略会議，九州観光戦略（九州観光推進機構），交通インフラとネットワーク（鉄道網，高速道路網，港湾整備），都市間輸送と都市圏（域内）輸送，D＆S列車，国際線定期航路（船舶），インバウンドの海路利用率，島嶼観光

## 1　観光と交通の関係

　観光は，「楽しみのための旅行」とされ，旅行は「地理的に離れた地点の空間的移動」と定義される．即ち，人が居住地を離れて移動することが観光の前提となることから，観光と交通は密接な関係にあり，観光産業も交通の成長・進化に伴って発展・変化を遂げてきたのである．

　また，一方で交通産業に於いても，観光需要を取り込むべく，古くは「寺社参詣を利用した鉄道営業の活性化施策」[平山 2012]や現代ではJR九州のD&S列車に代表される観光列車の開発といった新しい企画・提案に見られるように，観光地づくりを地域とタイアップして推進するケースも増えている．

## 2　九州の観光と交通

### 1　九州の観光

　九州は，温泉・自然・食・歴史といった観光資源に恵まれており，日本でも有数の観光地として認識されているところであるが，一方で，その点在する観光資源が行政区分によって有機的に機能せず，北海道や沖縄のような単一組織の自治体と比べて認知度が低いと言われている．

　その課題を解決すべく，2004年に「九州はひとつ」の理念のもと，九州7県の知事と九州の4つの経済団体（九州・山口経済連合会，九州商工会議所連合会，九州経済同友会，九州経営者協会）のトップで構成される「九州地域戦略会議」に於いて「九州観光戦略」が策定され，2005年にその戦略の推進組織として「九州観光推進機構」が設立された（図5-1）．それ以降は，広域周遊ルート設定や全九州での観光プロモーション活動や広報活動で，減少傾向にあった九州の宿泊客の回復に成功している（図5-2，図5-3）．

### 2　九州の交通インフラ

　前述の「広域周遊観光」を可能にしているのが，九州の鉄道や高速道路の交通ネットワークである（図5-4）．特に，2011年九州新幹線鹿児島ルートの開業により，北部九州に偏りがちであった観光需要が南九州に拡大したことや，2016年東九州自動車道路の北九州～宮崎が開通したことによる東九州ルートの

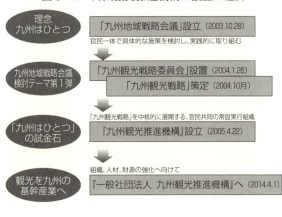

図5-1　九州観光推進機構の設立の経緯

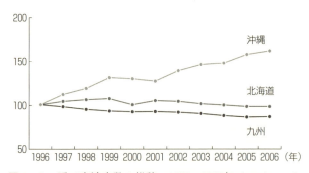

図5-2　延べ宿泊客数の推移　1996〜2006年（1996年＝100）
（出所）九州観光推進機構のパンフレット（2010年7月）．

　観光資源活用で，九州観光のバリュエーションが豊富になった．更には，これにより高速道路利用者だけでなく，関西・四国方面と大分・宮崎間に就航するフェリーの利用も増加しており相乗効果が表れたと考えられている（図5-5）．
　また，九州7県の主要8空港も比較的近距離に立地しており，遠距離からの観光客の利便性も高い．特にインバウンドに於いて，宮崎空港と鹿児島空港で台湾（台北）の航空路線を週3便（宮崎）と週4便（鹿児島）誘致し，「南九州デイリー運航」と称して，宮崎イン鹿児島アウトといった旅行商品設定を可能にする他の地域では見られない施策も採られている．

第5章 観光と交通　63

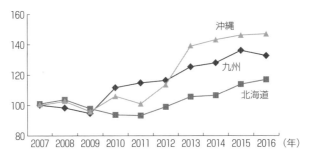

図5-3　延べ宿泊客数の推移　2007〜2016年（2007年＝100）
（注）1996〜2006年と2007年以降では集計方法が異なる．
（出所）観光庁「宿泊旅行統計」（10人以上施設）．

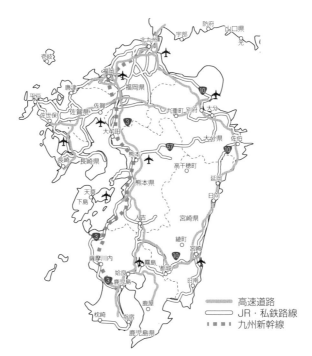

図5-4　九州の高速道路・鉄道網および空港

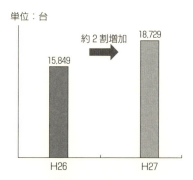

図5-5 愛媛〜大分間フェリー3
航路の乗用車計

(注) 調査機関 (H26, H27)：4/29〜5/6 各航路事業者ヒアリング調査結果.
(出所) 国土交通省九州地方整備局「地域経済への効果」.

図5-6 九州のクルーズ船寄港港

(出所) 九州経済産業局 [2017].

同様に，古くから「海路」で国内外の地域と結ばれていた九州では，各県に港湾が整備され，10万トン級以上の大型クルーズ船が寄港可能な港湾設備も6港（博多，長崎，八代，油津，別府，鹿児島）を数え，九州の海上交通インフラ環境は整いつつある．今後も，旺盛なカジュアルクルーズ需要による利用客の増加を見込んで，単なる接岸設備としての機能だけでなく，ショッピングや食事が楽しめる港湾隣接施設の検討も進んでいる（図5-6）．

## 3　公共交通機関の役割

### 1　地域の足としての役割

　公共交通機関が地域住民の生活や経済を支える「足」として機能していることは言うまでもない．この分野での役割としては大きく分けて，「都市圏輸送」と「都市間輸送」に分類される．都市圏輸送に於いては，鉄道のローカル線と路線バス，地下鉄等が担っており，都市間輸送に於いては，新幹線を含む特急列車体系と高速バス体系が存在している．いずれも競合するエリア・区間に於いては，各社で熾烈な競争が行われており，割引の企画乗車券等のソフトも充実している．

### 2　観光需要に対しての役割

　点在する九州の観光地を結ぶ役割としては，主要なターミナル間の移動は鉄道網や高速バスのネットワーク（拠点間輸送）と，観光地域内での，路線バス，路面電車やタクシー，レンタカーを利用する形（域内輸送）があるが，観光地間の移動については，特に県境を越える場合に，各エリアの路線を所有するバス会社の調整が難航することが多い．定期観光バスのような発着地点が同じ場合は，需要に応じて運行できるが，例えば，阿蘇から高千穂に向かう場合は，公共交通機関では，一旦，熊本のターミナルまで戻るというルートを余儀なくされる．広域観光の利点である「隣県の観光地はライバルではなくお互いに利用する」という発想が求められている．

## 4　九州の交通ネットワークと観光

　九州観光の強みの1つに，九州7県に網羅された交通ネットワークの存在が

ある．JR九州をはじめとする鉄道，高速道路網と高速バスのネットワーク，各県の拠点点として機能する主要8空港，10万トン以上の大型船が寄港できる6港湾等である．特に，2011年の九州新幹線鹿児島ルート全線開業と2016年東九州自動車道の北九州・宮崎間開通によって，九州の観光周遊ルートは大きな広がりを見せた．それぞれの素材と観光との関わりを検証する．

### 1　JR九州の観光列車（D&S列車）

本来は旅行のための移動手段である鉄道（列車）を観光資源として活用しているのが，JR九州のD&S列車である．D&Sとはdesign&story……即ち，その地域の「物語」を設定し，それに合わせた車両をデザインして，観光地に到着する前から，その観光地での「楽しみ」を期待できる交通システムである．本来は，移動の手段にすぎない鉄道であるが，観光を楽しむと同様に「移動を楽しむ」ことに主眼を置いている．場合によっては，「列車に乗ること」が目的となることもあり，派性的需要である「輸送商品」が本源的需要に転換する例として注目されている．D&S列車の生まれる背景には，大きく分けて次の3つのパターンがある．

#### 1）観光地が創るD&S列車

観光地とのタイアップや共同企画によって，列車そのものが観光地と一体化するようなケースである．「ゆふいんの森」「海幸山幸」「指宿のたまて箱」等が挙げられる．いずれも，由布院や飫肥，指宿を象徴する車両デザインとなっており，車内で提供される土産物や飲食は地元産にこだわって選ばれている．また，地域の人々も列車に手を振る運動や，列車到着時の「おもてなし」に工夫を凝らして観光客に「感動」を与えている．

#### 2）D&S列車が創る観光地

2004年九州新幹線鹿児島ルート部分開業（新八代～鹿児島中央）に合わせて企画された「はやとの風」「いさぶろう・しんぺい」や2009年運行開始の「SL人吉」がこれに当たる．九州新幹線による所要時間短縮で生み出される時間を，広く鹿児島と熊本の山間部まで観光する時間に充てて貰おうと企画されたものである．

ここで注目されるのは，観光資源を新たに創ったのではなく，既にある資源

を活用したことにある．1909（明治42）年に当時の「鹿児島本線」として開業以来，殆ど100年前の姿を留めて現存する駅舎や車窓を新たな観光資源として掘り起こし，その物語に合わせたデザインの車両を設計し「駅舎を含んだ沿線全体」を観光地として楽しむというコンセプトである．嘉例川駅や大隅横川駅の駅舎と素朴な駅弁をメインにした「はやとの風」，日本三大車窓と言われる吉松〜人吉間の景色やループ線，スイッチバックのような急勾配の山間部に独特の鉄道の旅が楽しめる「いさぶろう・しんぺい」，球磨川沿いの景色を見ながらレトロな旅が楽しめる「SL人吉」の３つのD＆S列車で，1927（昭和２）年の新鹿児島本線開業以来，閑散としていた肥薩線が「キングオブローカル線」と称されるほどの「観光資源」として浮上を遂げたのである．

　３）D＆S列車による新規市場開拓
　列車の車内はパブリックスペースとして認識されており，ヤンチャな幼児を連れた若いファミリー層は鉄道旅行を敬遠し，マイカー中心の移動形態が主である．この鉄道が苦手とするマーケットに挑戦したのが「あそぼーい！」である．
　子供専用シートや木のボールプール等の子供が退屈しない車内設備を創り，乗客の殆どが小さな子供連れで，親が周囲に気兼ねなく過ごせる環境となっている．また，阿蘇，球磨地方と並んで熊本県の有力な観光地である天草も，天草五橋の開通以来，観光にはマイカーやバスが選択される傾向が強かったが，大人向けにジャズと酒をテーマにした「A列車で行こう」と三角港からの「シークルーズ」をセットすることで，シェアの低かった苦手な分野での市場開拓に挑戦している．

　４）列車に乗ることを目的とする観光
　上記D＆S列車のカテゴリーに分類できないのが，「ななつ星in九州」と「或る列車」である．2013年に運行を開始した「ななつ星in九州」は，大川組子や有田焼といった九州の匠の技に彩られた豪華な内装の全室コンパートメントの車内や，九州産にこだわって厳選された食材の料理，その乗客だけが体験できる特別な催しをフューチャーして「特別な旅」を演出．従来は無かった予約，抽選方式の販売で関心を集め，運行開始から４年経った現在でも競争率16倍という人気を誇っている．

また，この列車はコンパートメント寝台列車であることから，九州各地をクルーズでき，着地がユニークベニューを競い合う等の相乗効果も生まれ，九州を象徴する観光資源として，九州のブランド戦略にも影響を与えている．
　「或る列車」は，著名な鉄道模型製作者でもある，原信太郎（故人）が子供の頃に見てスケッチした，100年前に九州を運行する計画があった幻の豪華列車をモチーフに，JR九州のD&S列車の殆どを手掛けている水戸岡鋭治がデザインした列車であるが，実際には走ることがなかったために名前がなく，原が「或る列車」と呼んでいたことからネーミングされた．
　この物語をもとに，豪華な車内で豪華な食事を楽しむというコンセプトを世界的に有名なシェフである成澤由浩監修の料理とスウィーツで表現している．「ななつ星in九州」と同様に，食材は九州産にこだわり，成澤本人が現地で吟味した季節の食材を使うという徹底ぶりで人気を博している．

## 2　九州の高速道路整備と高速バス

　九州の高速道路網は，1971（昭和46）年6月，九州自動車道植木IC〜熊本IC間の供用開始で幕を開け，逐次，南北の縦貫道路，東西の横断道路の整備が進んだ．2016（平成28）年4月，東九州自動車道が福岡県北九州市から宮崎県まで開通し，九州は全ての県が高速道路で結ばれ，鉄道とほぼ並行する高速道路の大動脈が形成されることとなった．
　高速道路が整備されることにより，新たな移動手段が生まれた．1973（昭和48）年11月，九州自動車道鳥栖IC〜熊本IC開通に伴い，福岡〜熊本間を国道3号線経由で運行していた「特急ひのくに号」が「高速バス」となり，それ以降，高速道路開通とほぼ同時進行で，各地域のバス会社相互乗り入れによる共同運行路線が開設され，九州主要都市間の高速バスによるネットワークが形成されていった．この高速道路網整備と高速バスネットワークの構築により，九州内は鉄道とのシェア争いが激化，所要時間・フリークェンシー・運賃といった各分野で互いに競い合う両者のハード・ソフト両面にわたる施策によって，九州内都市間移動の利便性が向上していった．

## 3　九州の海上交通と観光

　海に囲まれた九州は，古来より海運が発達，世界文化遺産となった沖ノ島の歴史に垣間見えるように，海路は重要な交通機関として認知されてきた．観光

に於いても，関西・関東，四国からのフェリーや韓国（釜山）からの国際定期航路が開設され，種子島・屋久島，五島列島，壱岐・対馬，奄美群島と注目を集める島嶼観光地には空路と並んで海路は重要な交通機関となっている．

特にインバウンドに於ける九州の特徴として，入国者の海路利用率が非常に高いことが挙げられる（図5-7）．日本全体の2016年外国人入国者のうち，空路利用者が89.8％，海路利用者が10.2％であったのに対して，同年の九州入国者は空路50.2％，海路49.8％と，海路の利用率が著しく高い．これは，福岡～釜山間が約200km余りと距離的優位性に恵まれていること，1991年にJR九州がジェットフォイル「ビートル」を就航させ，航空機に比べて安価で便利な交通機関として定着したことで韓国市場からの誘致に成功したこと，中国（上海）を発地とするカジュアルクルーズの寄港地として，博多港，長崎港，鹿児島港，八代港等の需要が高いことで中国市場からの訪問が急激に伸びたことが挙げられる（図5-8）．

また，関東・関西・四国とのフェリー航路も九州の観光にとっては貴重な交通機関である．特に，関西からの修学旅行市場に於いては経費節減効果や長時間移動を活用した洋上研修等を目的として利用されており，安定した人気を得ている．更には，個室船室の特性を活かして，ペット同伴用船室や女性専用船室といった新しいニーズに応える事業展開で市場を広げている．九州のフェリー発着各港は東九州自動車道の沿線に点在していることから，高速道路整備

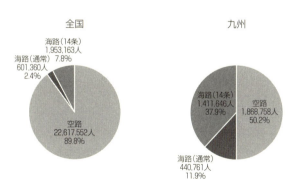

図5-7　日本および九州への直接入国外国人数・構成比（空路・海路別）

（出所）法務省「出入国管理統計」を元に九州観光推進機構にて集計．

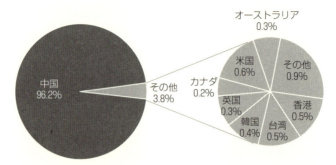

図5-8　九州における14条（クルーズ船）上陸による直接入国外国人の国籍内訳

(出所) 法務省「出入国管理統計」を元に九州観光推進機構にて集計.

によるマイカーやバスの需要も増加傾向にあり，道路と航路の相乗効果が注目されている．

　主に住民生活の足（生活航路）として運行されている離島航路であるが，最近は「離島ブーム」による「島嶼観光」のアクセスとしても重要な役割を果たしている．特に，鹿児島県甑島と川内港間に投入された高速船はJR九州の「ななつ星in九州」や数々のD&S列車を手掛けた工業デザイナーの水戸岡鋭治のデザインによるもので，新幹線川内駅から川内港を結ぶ電気シャトルバスと九州新幹線も水戸岡のデザインであることから，鉄道とバスと船のトータルデザインで甑島観光を演出している例として注目を集めている．

### 4　九州の航空と観光

　鉄道と高速道路のネットワークで九州域内を網羅した九州に於いて，航空の役割は，九州域内に於いては一部の拠点間（福岡〜宮崎・鹿児島）を除いて，国内大都市圏や海外から九州の拠点空港までの移動（1次アクセス）と陸路では到達できない離島とのネットワークが主体となる．

#### 1）九州からの国際線

　九州の空港と外国を結ぶ定期の国際航空路は圧倒的に近隣アジア地域との結びつきが大きい．これらの多くは，20世紀後半の高度成長期に高まった海外旅

行ブームをきっかけに，日本から外国に向けた旅行者の移動のために開設された路線がほとんどである．現在は日系航空会社の運航ではなく，海外からの日本インバウンド需要の拡大もあり，外資系航空機材での運航がほとんどであるが日系航空会社は外資系航空会社の機材を利用し，コードシェア便として各方面へ展開している．

　2）インバウンドとアウトバウンド
　福岡空港（夏期運航のヘルシンキを含め20路線）／北九州空港（5路線）／佐賀空港（2路線）／長崎空港（2路線）／熊本空港（3路線）／大分空港（1路線）／宮崎空港（3路線）／鹿児島空港（4路線）の8空港となっている．主な就航先は韓国，台湾，香港，中国であるが東南アジアやハワイにも就航している．海外からの主要搭乗客は観光客でそれも就航先の国からのインバウンド観光客が多い．日本人出国者ではパスポート保有率の低下（九州では一番高い福岡県ですら全国平均以下）からも観光需要が低迷しており，旅行会社各社はインバウンドによる収益を高める一方で国内発のアウトバンド需要の再発掘に努力している．航空会社もFSC（フルサービスキャリア）のみならずLCC（ローコストキャリア）も多くなり，LCCの激戦地となっている．全ての輸送機関にとって，「片道運航」「一方通行」的な運航形態は効率が悪く，採算性に問題が生じ易い．航路の維持・拡大にはインバウンドだけでなく，アウトバウンド需要も重要な要素であり，旅券所持率アップを始めとする需要掘り起こしが求められている．

　3）九州発国内線
　九州には，定期航空路を開設している空港が合計21空港あり，北は札幌から南は沖縄までと首都圏空港を中心に日系航空会社13社が上記8空港から日本各地に就航している．福岡空港20路線（除く九州内）／北九州空港2路線／佐賀空港2路線／長崎空港6路線（除く九州路線）熊本空港6路線（除く九州路線）大分空港5路線／宮崎空港5路線（除く九州路線）鹿児島空港9路線（除く九州路線）となっている．就航航空会社はANA／日本航空を中心に，スカイマーク／スターフライヤー／ソラシドエア／日本トランスオーシャン航空／フジドリームエアラインズ／IBEXに加え，LCCとしてジェットスタージャパン／ピーチアビエーション／バニラエアー／スプリングジャパンが就航している．そして地域航空会社としてORC（オリエンタルエアブリッジ）／JAC（日本エアーコミューター）

／AMX（天草エアライン）がある．

### 4）九州内国内線

　航空路の価値は，一度に運べる旅客数には限りはあるが，遠距離を短時間で結ぶことには関しては他の交通機関に比べ絶対的に優位である．移動時間4時間を境にして，航空機と他交通機関の競争が始まるといわれる．福岡と鹿児島・宮崎間は九州内では利用の多い航空路線であったが九州新幹線が鹿児島まで延伸された結果，それまで10往復/日あった福岡-鹿児島の航空便が現在では1往復のみとなっている（宮崎は現在も13便/日有り）．

### 5）離島航空路線と観光

　鹿児島県の有人離島は28島，長崎県は53島，それぞれに17.1万人，13.7万人が暮らしており，この両県の離島人口合計が全国離島人口に占める割合の48%を占める．離島の住民にとっては本土への生活路線の1つが航空路線であり，九州には地域コミューターエアライン（地域航空会社）が3社就航している．

ORC：長崎空港と壱岐・対馬・五島福江，福岡空港と五島福江・宮崎空港を結んでおり，公務員の出張や帰省等の需要が大きいと思われるが今後，『長崎と天草地方の潜伏キリシタン関連遺産』が世界遺産に認定されたあかつきには五島地方に現存する潜伏キリシタン関連施設があるため教会にも多くの世界遺産ファンや各国のキリシタンが訪れるものと考えられる．平成29年4月1日に施行された国境離島新法により離島住民がより一層航路を利用しやすくなり島民の利用割合が半分近くまで増加，また，五島人気で観光客の利用者も増えている．

AMX：熊本県下で3番目の人口を擁する天草発，熊本・福岡そして伊丹空港に就航している．基本的には地元住民の生活路線になっているが同様に福岡や九州域外からのビジネス需要も大きい．機材が1機しかないため観光需要は多くは望めないが天草にも潜伏キリシタン関連施設があるため五島同様に世界遺産ファンや各国のキリシタンが期待できる．

JAC：鹿児島を起点として薩南諸島（種子島・屋久島・喜界島・奄美大島・徳之島・沖永良部島・与論島）の島々を結んでおり，生活路線として本土や島間移動も含めての需要は高いと思われるがそれ以上に奄美大島,屋久島,

種子島は首都圏，関西圏と直行便でつながっており，一方でこれらの島々には沖縄那覇からもネットワークが伸びているため，観光需要はそれ以上に高いと思われる．

各社の資本構成
ORC：長崎空港ビル，長崎県，九州ガス，親和銀行，十八銀行，エアーニッポン等
AMX：熊本県，天草郡2市1町，民間27社
JAC：日本航空60% 奄美諸島自治体12市町村40%

各社とも離島の住民にとって本土への移動に欠かせない生活路線となっているが経営を安定させるために機体購入費補助金，運航費補助金，MSAS受信機購入費補助金，航空機燃料税の軽減，着陸料の軽減，航空援助施設使用料の軽減，固定資産税の軽減等や離島航空路線に係る離島住民運賃割引にたいする支援を国や地域から受けている．

## おわりに

冒頭に述べた九州地域戦略会議で承認された「九州観光戦略」では，「2023年までに観光を九州の基幹産業にする」として，九州内観光消費額を2010年の2.1兆円から4兆円とするという具体的数値目標を掲げている．人口減少が続く九州に於いて，定住人口減少による経済停滞を交流人口の増加によって活性化させることは，地域創生の柱になる．

その観光活性化を支える柱の1つが「交通」であり，交通もまた人口減少で打撃を受ける業界であることから，交通機関の事業展開に於ける「観光目線」がカギを握っている．

一方で，政府の「働き方改革」に見られるように，日本の観光は週末やゴールデンウィーク，年末年始といった特定の期間に集中する傾向が強く，輸送機関を含む観光事業者にとっては，閑散期と繁忙期がはっきりと分かれる季節波動・曜日波動の解消が大きなテーマとなっている．

「観光立国」を目指す国の施策が奏功し，波動が少しでも解消されるなら，輸送を担う交通機関の存在価値も高まるであろう．

## 参考文献

九州経済産業局［2017］「PROFILE OF KYUSHU」.
平山昇［2012］『鉄道が変えた寺社参詣』交通新聞社.
法務省「出入国管理統計」.

＜ウェブサイト＞
国土交通省九州地方整備局「地域経済への効果」(http://www.qsr.mlit.go.jp/s_top/n_genkiup.html, 2017年12月25日閲覧).

# 第 6 章
# 観光ビジネスと経営戦略

◎要約

　観光現象を成立させるためには観光ビジネスの存在は欠かせない．観光に関わる行政機関や観光ビジネスの戦略は，その国の経済基盤をも形成する重要な取り組みとなる．また，観光ビジネス自体は単一の企業で構成されるものではなく，業界や企業間での連携システムが最適に機能してこそ観光現象も活性化する．九州地域には豊富な観光資源や地域に密着した観光ビジネスが多く存在している．豊富な資源を有効に観光現象へと導くことが地域創生という点においても効果的である．本章では，観光ビジネスの基本的なしくみや役割，観光ビジネスの戦略について概観すると共に，観光に関わる九州の特徴的な企業や行政機関，観光関連組織，観光ビジネスの協働による"MICE"誘致についての具体的なケースを取り上げながら解説している．

学習の課題
1．一般企業（製造業やサービス業）の経営と観光ビジネスの経営を比較して，それらの違いについて考えてみよう．
2．観光ビジネスを構成する旅行業・交通業・宿泊業における事業範囲（ドメイン）はどの程度の範囲をとるべきかを考えてみよう．
3．観光ビジネスの今後の課題について，具体的な行動としてはどのようなことが考えられるかを検討してみよう．
4．九州地域ならびに地方の中核都市である福岡地域が観光集客を図るための戦略を考えてみよう．

**keyword**
観光ビジネス，経営戦略，マス・ツーリズム，事業領域（ドメイン），競争戦略，協調戦略，アライアンス（航空連合），MICE，世界遺産

## はじめに

　観光という現象は人々の行動と観光の対象となる国・地域・施設などを結びつける機能としての観光ビジネスの存在があってこそ成立する．現代だからこそ観光という行動は容易になり，休暇や休日を利用したレジャーの代表的な1つになっているが，これも観光ビジネスの発展があってこそ人々に浸透してきたのである．また，観光という行動では，1つのモノを購入するという一般的な消費形態とは違い，様々な観光商品を複合的に購入してはじめてその行動が成り立つ．旅の準備から移動，滞在，帰着に至る行動プロセスにおいて多様な観光商品を購入するということは，観光ビジネスを構成する多様な産業や企業に広範囲な収益をもたらすことになる．現代では，観光は世界の多くの国において経済基盤を支えうる巨大なマーケットを形成し，人々のレジャー行動の中心としての地位を築き上げている．本章では，観光ビジネスの役割や観光者への価値をどのように提供するのかを俯瞰的に解説するとともに，企業組織としての観光ビジネスをいかにマネジメントし，有効な経営戦略として実行していくのかを考える．

## *1* 観光ビジネスとは

### 1　マス・ツーリズム（観光の大衆化）から発展した観光ビジネス

　旅ということを表す"Travel"という英語の語源は，中世英語"Travail"から発しており，元々は「苦労・骨が折れる」といった意味で使われていた．すなわち，「旅」という行動は簡単にできる行動ではなく，その行動には何かしらの苦労や骨折りが伴うものであった．しかし，現代では陸・海・空ともに交通機関が発達し，いとも簡単に旅することができるようになった．

　19世紀中頃から移動手段としての交通機関の発達により，人々の移動が容易になり，いわゆる「観光の大衆化」の波が起こる．交通機関がまだ発達していなかった時代には，地域間の移動は徒歩もしくは動物を使う移動を強いられてきたわけであり，移動距離に比例して時間を要し，その行動に伴い肉体的，精神的にも「苦労」を伴ってきたのである．様々な交通手段が整備されるにつれ，人々の移動に伴う商品が必要になり，交通業はもちろんのこと，宿泊業や旅行

業といった観光ビジネスへの需要が高まってくることになった．20世紀になると航空機も大量輸送の時代を迎え，ボーイング747ジェット旅客機[1]が登場するとますます人々の移動が促進されることになる．

　人々の移動が容易になると，移動機会や移動場所が増加することになる．旅行需要も次第に増加し，観光市場（観光マーケット）が形成されることになった．移動が困難であった時代は貴族や資本家などの富裕層に限られていた観光という行動も，移動の容易化とともに次第に労働者層にも拡大して行き，社会的地位を超えて大多数の大衆（mass）によって観光が支えられる時代になった．これが「マス・ツーリズム（観光の大衆化）」という現象である．

　日本において海外渡航が自由化されたのは1964年[2]のことであった．この自由化以前は海外渡航は特定の業務や留学に限られ，世間一般の市民にとっては渡航費用や外国語不安もあり，さらには，海外情報（現地での移動手段や治安など）も現代のように豊富に入手することなどもできず，海外旅行は浸透しなかった．

　これらの一般市民の不安を解消し，海外旅行を広める要因となったのが「パッケージ旅行」であった．1965年，日本航空が日本初の「ジャルパック」を発売した．パッケージ商品の発売により，海外渡航に伴う煩雑な手続きや現地での行動への不安は一気に解消されることになり，広く一般市民に海外旅行が浸透していくことになった．1970年には，ジャルパックによる新婚旅行用のハワイへのパッケージ旅行が発売され，ハネムーンの目的地がそれまでの国内から海外へと広がりを見せることになった．

　このように，観光という現象は交通アクセスの発展とともに，日常生活の利便性が向上し，観光ビジネスの事業者がその利便性を商品化することにより大衆化へとつながり，ジャルパックによるパッケージ旅行商品を発端に多種多様

図6-1　観光ビジネスの発展過程

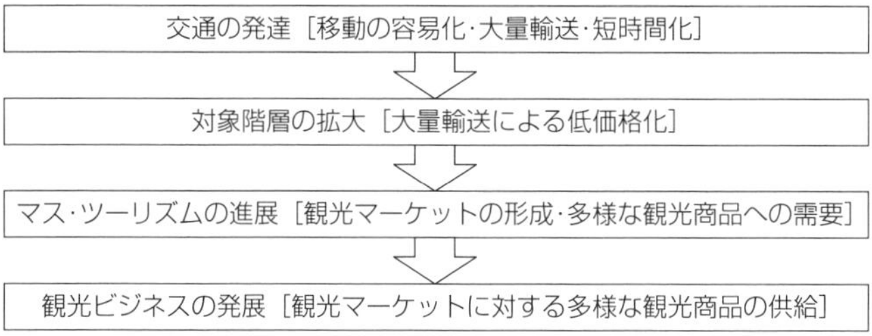

交通の発達［移動の容易化・大量輸送・短時間化］
↓
対象階層の拡大［大量輸送による低価格化］
↓
マス・ツーリズムの進展［観光マーケットの形成・多様な観光商品への需要］
↓
観光ビジネスの発展［観光マーケットに対する多様な観光商品の供給］

な観光商品が誕生することになる．

## 2 観光ビジネスのしくみと役割

　観光者にとっては，観光ビジネスによる商品の供給がなければ宿泊や食事などはもとより，移動さえままならない．また，観光者が目的とする対象である国・地域・施設なども観光ビジネスの存在がなければ観光者を集客できない．したがって，観光ビジネスの存在は観光現象を生み出す源泉であり，世界中の人々が気軽に，便利に旅行できるのも観光ビジネスによる多様な商品が提供されているからに他ならない．つまり，基本的に観光ビジネスは，観光者（観光主体）と観光者が目的とする観光地（観光対象）を結びつける機能を果たしている．

　また，観光ビジネスは様々な業種によって構成されている．一般的に旅行業や宿泊業，交通業などが挙げられるが，厳密に言えば，観光行動を起こすまでの準備段階から滞在，帰着にいたるまでの一連の観光行動プロセスの中で提供される多様な観光商品を扱う業種も含まれる．近年，多く利用されているインターネットによる航空券や宿泊予約のサイトなど，さらには滞在中に観光者が利用する飲食店，土産業なども観光行動に関わる観光ビジネスとして認知されている．

　観光者が目的とする観光地，すなわち国や地域もある意味では観光ビジネスの一端を担っていると言っても過言ではない．多くの観光者を集客し，国や地域の財政的な効果を向上させるための戦略を実行している．観光対象となる景勝地や施設，イベントによる集客は極めて大きな経済的効果を生み出すことにつながる．そのために，多くの国や自治体はインターネットを駆使した情報の拡散やイベント企画など，集客と収益につながる「ビジネス」を積極的に実施している．

　観光ビジネスは，観光者への観光行動支援のための商品を提供している．観光者は観光ビジネスの存在なしには観光行動はできない．移動手段としての交通や滞在時の宿泊施設，行動全般に伴う飲食など，これらの商品提供が一体化してはじめて観光行動が可能となる．

　九州には、湯布院，別府，黒川など全国的に有名な多くの温泉が存在している．これらの温泉施設を見ても，温泉という自然資源だけで観光地として成立しているわけではない．その地に至るまでの交通アクセス，入浴施設やホテル・旅館，郷土料理や名物料理を提供する飲食店，名産品を販売する土産店など，

これらの施設や機能が一体化してはじめて「温泉地・観光地」としての集客が可能となる．訪れる観光者たちは，その行動途中に様々な商品を購入することになり，観光ビジネスの存在はその地域への観光振興を推進し，また経済的効果も多大となる．

日本では，2007年に「観光立国推進基本法[3]」が施行され，観光を21世紀における重要な政策の柱としており，国家戦略の1つとして「観光立国」を掲げている．さらに，2012年には「観光立国推進基本計画[4]」が閣議決定され，2017年には新たな目標への改訂が行われている．

以上のように，国家戦略としての観光振興や人々の観光行動への喚起，行動支援などにおいて，観光ビジネスが果たす役割は社会生活におけるレジャーの促進ならびに国・地域における経済的効果への貢献という点でも極めて大きいと言える．

## 3　観光ビジネスの特性

観光ビジネスと言っても，企業が提供する商品をすべて観光者だけに対して提供しているのではない．企業の事業範囲（ドメイン）において，一部の商品を観光者に対して提供しているにすぎない（図6-2，表6-1）．例えば，交通業では日常的な通勤・通学，出張，所用などの利用客，旅行業においてもビジネス出張のパック旅行商品の利用客もいる．さらには，宿泊業でも会議，宴会，展示会，婚礼，食事会など多彩な利用客を対象とした商品を提供している．

日本においては，JR各社や私鉄が日本列島を縦横に路線を網羅している．国民にとっての日常的な交通手段として貢献を果たしている．しかし，近年では，観光列車ブームが沸き起こり，鉄道各社が競い合って魅力的な観光列車を

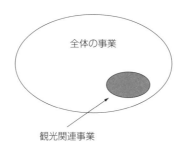

図6-2　観光ビジネスの事業領域

表6-1　観光ビジネスにおける中心事業領域と観光関連事業領域の商品

|  | 中心事業領域の商品 | 観光関連事業領域の商品 |
|---|---|---|
| 交通業 | 通勤・通学・各種移動<br>出張・帰省・フェリー | 観光旅行・観光タクシー<br>観光列車・クルーズ船 |
| 旅行業 | 移動手配<br>ビジネスパック商品 | ツアー・パッケージ旅行<br>ハネムーン旅行 |
| 宿泊業 | 一般宿泊・婚礼・展示会<br>会議・宴会・会食 | 観光宿泊<br>団体旅行宿泊 |
| 飲食業 | 食事・会食・パーティ<br>婚礼 | 郷土料理・名物料理 |

展開している.

　九州においては,JR九州旅客鉄道株式会社が「観光列車」の先駆けとなった.近年では観光列車そのものが観光対象となり,列車のデザイン,車内で提供されるサービスなどがこれまでの「鉄道＝移動」というイメージを変革させ,一大ブームにもなっている.2013年10月には,日本を代表するクルーズ・トレイン「ななつ星in九州」が登場した.九州の主要観光地を2泊～3泊のクルーズ・ツアーで巡り,各所の代表的な観光施設や自然景観を楽しむと同時に,著名な旅館での宿泊や厳選された食事を提供している.料金は約30万円から100万円近くになるにもかかわらず,乗車チケットの入手は抽選で数十倍の競争率という人気列車である.このように,鉄道事業の本来の「移動機能」を観光列車というかたちでビジネス展開している一例として挙げることができる.

　また,鉄道業や航空業では本来の移動輸送という商品をさらに増加させるために,様々な多角化を行っている.鉄道業では,鉄道路線の乗客を増加させるために,主要駅のターミナルビルで商業施設や飲食施設を展開したり,路線の駅周辺の住宅地やマンション開発を進めている.航空業では,旅行業やホテルなどを多角的に展開している場合が多い.

　観光ビジネスは複合的な事業領域によって構成されているが,観光現象を支える極めて重要な役割を担っている.

## 2　観光ビジネスにおける経営戦略

### 1　戦略とは何か

　伊丹・加護野［2003］は戦略の定義を「市場の中の組織としての活動の長期的な基本設計図」であり，「企業や事業の将来のあるべき姿とそこに至るまでの変革のシナリオ」であるとしている．つまり，戦略は企業の業績目標を達成するための思考や行動を策定することであり，それらは不変のものではなく，その時代環境に適合するように常に変革すべきものであると言える．

　経営戦略の構成要素として，①事業領域（ドメイン）の決定，②経営資源展開の決定，③競争戦略の決定，④組織間関係の決定，ということが挙げられる．事業領域の決定は，自社の事業はいかにあるべきで，どのような商品範囲を事業とするかという戦略空間を決めることである．事業領域を決定することで，企業活動におけるエネルギーをそれらの領域に集中させ，分散化を防ぐことができる．また，社会における企業の認知，すなわち企業ブランドの構築の基礎となる．経営資源展開の決定は，その企業が有する基本的な経営資源としてのヒト・モノ・カネ・情報に加え，企業や商品ブランド，技術・ノウハウ，信用といった知的財産をどのように蓄積し，企業活動に配分するのかを決定することである．これら資源活用にかかるコストと成果としての収益を最適化する戦略と言える．競争戦略の決定は，多くの同業他社との競争において，いかに差別化を図り，優位性を発揮するかを決めることである．ポーター［1992］は，コスト削減による優位，商品の差別化による優位，特定得意分野への集中化による優位の3つを競争優位の基本戦略として掲げている．組織間関係の決定は，企業と他の組織体との交換関係性を確立するために，いかに協働を成立させるかという戦略である．原材料等の調達，商品のアウトソーシング化，流通・販売経路など他の組織体との関係構築を確立することで，自社の事業活動を最適化し，いかに収益を最大化するかということである．

　これらの構成要素は，「内部戦略」と「外部戦略」に分けることができる（図6-3）．すなわち，自社組織内部でコントロールできる要素とできない要素の2つである．事業領域の決定や経営資源展開の決定は内部組織に関わることなので，自社内でのコントロールが可能である．一方，競争戦略の決定と組織間関係の決定は外部組織に関わることなので，自社内でのコントロールは不可能

図6-3　経営戦略の構成要素

であり，外部組織の情報や取引関係を視野に入れた戦略を策定する必要がある．

## 2　観光ビジネスにおける経営戦略

　観光現象は様々な社会的・経済的・政治的変化に対して極めて敏感である．それらの変化に伴って，観光者の行動は大きく影響を受ける．観光ビジネスはそれらの変化する環境に対して事業展開や経営戦略を常に変革する必要がある．観光ビジネスは多種多様な産業群によって構成されており，また，観光者自身の観光行動も複合的な購買行動によって成立していることから，単一企業の経営戦略だけではなく，業界間や行政との連携をも含めた戦略の策定が重要となる．

　戦略を構成する要素の1つである「競争戦略」は企業の生き残りのために欠かせないものである．しかしながら，観光ビジネスが多種多様な産業・業種によって構成され，さらに行政機関との関わりも深いことから，競争戦略を重視するばかりに観光現象を妨げることに繋がりかねない．すなわち，観光ビジネスにおいては，業界や企業が協力し合って観光集客システムを構築し，観光者の観光行動支援が潤滑にできるように「競争」から「協調」へと変革することが重要である．

　観光地にとって，観光者を集客することは最大の目標であり，収益の源泉である．観光者が魅力を感じ，リピーターとして何度も訪れたくなるような場を創りあげなければならない．観光地内で事業を展開する同業他社とは，商品の種類，品質，価格などの競争的要素が存在する．この競争は企業間の競争であり，観光者に対しての商品価値や顧客満足という顧客価値の向上という競争戦略である．しかしながら，観光者がどの観光地を訪れようかという選択におい

ては，観光ビジネスは観光地間での競争を意識しなければならない．同じ観光地内で競争していると他の観光地との集客競争に負けてしまいかねない．

協調戦略においては，企業や業界にとって新たな価値創造が可能となる．企業間や業界間での経営資源の交換と補完，販売網の拡大と販売力の強化，コスト・リスクの分散，相互的な学習と経験などが挙げられる．観光振興という点において，これらの協調によるメリットを得る戦略的思考と行動は極めて重要である．観光ビジネスの一角を担う航空業界においては，すでに協調戦略が行われている．それは「アライアンス（提携・連携・連合）戦略」というグローバル・ネットワーク組織である．現在，世界では3つの航空連合が存在している．[5]「スターアライアンス」，「ワンワールド」，「スカイチーム」である．アライアンス戦略では，各航空会社間の予約システムの統一化や共同運航便（コード・シェア）[6]の就航，FFPプログラム（マイレージ）[7]の共有化など，利用者に対する利便性の向上に寄与するだけでなく，国際的な連携組織を組むことによる航空会社の就航路線範囲の拡大や自社ブランドの構築，運航や様々なオペレーション業務におけるコスト削減など，享受できるメリットは大きい．このようにグローバルな環境下においても，協調戦略が業界全体の構図を変革している．

先に述べたように，観光行動は複合的な購買行動の組み合わせであり，観光者の利便性の向上，観光価値の最大化のために，観光ビジネスを構成する企業間ならびに業界間の略的な協調や連携は不可欠なのである．

## 3　九州地域における観光ビジネスの経営戦略

九州地域は全7県のすべてが海に面し，7県すべてに温泉観光地や自然資源などの観光資源が豊富に点在している．これらの観光地へ出向く際の交通アクセス環境も極めて利便性に優れている．

空港は国管理空港が6空港，地方管理空港が13空港（離島空港を含む）あり，各主要空港からは国内線幹線，地方路線，東南アジアを中心とした国際線が就航している．近年では，LCC（Low Cost Carrier, 低コスト運航航空会社）の台頭などで観光促進に大きな貢献を果たしている．また，九州新幹線をはじめとする主要鉄道路線，自動車道路も縦横に網羅されており，九州地域内をバスや自動車で移動する利便性も高い．さらには，大型フェリーも多く就航しており，近年では豪華クルーズ船の寄港なども増加している．このように，国内外から九州地域へ訪問する観光者にとって極めて良好な交通アクセス環境が整備されて

いる.

　九州地域に点在する多くの温泉観光地においても，宿泊施設としてのホテルや旅館，郷土料理や名物料理を提供する飲食店，地域の名産品を販売する土産店など観光者にとって魅力的な施設も多くあり，それぞれの観光ビジネスでは集客増加を目指しての戦略を展開している．ここでは，いくつかの事例を挙げながら観光ビジネスの戦略を見てみよう．

① 株式会社スターフライヤーの戦略

　株式会社スターフライヤー（以下，SFJ）は，福岡県北九州空港を本拠地とする航空会社で，2006年3月に北九州―羽田間の就航を開始した．SFJの最大の特徴は，航空機，空港カウンター，各部門の制服，機内で提供される紙カップにいたるまですべてが「黒×白」のカラーで統一されていることである．SFJは，北九州空港を早朝5時前後に出発，深夜1時前後に到着に到着する便を設定していることから，朝の明るさを表す「白」と夜の暗さを表す「黒」をイメージしたコーポレート・カラーを前面に出している．

　運航機材はすべてA320型旅客機に統一されている．定員座席数も他の航空会社では，通常160～180席前後の定員設定となっているが，SFJでは全機150席に抑え，全席黒の革張りシートを採用，全座席にタッチパネル液晶モニターを設置するなど，機内エンターテインメントを充実させ，客室空間の快適性を重視している．設定される航空運賃は大手航空会社であるJALやANAとLCC各社の中間価格帯で設定され，利用者にとって選択しやすい運賃政策をとっている．

　航空会社は基本的に旅客の航空輸送を事業としているが，SFJでは単に旅客輸送にとどまらず，「感動のあるエアライン」を謳い，「最上級のおもてなし」を目指し，既存の航空会社とは差別化される顧客満足の向上を目指している．SFJはJCSI（日本版顧客満足度指数）[8]による調査で2017年度までに9年連続で顧客満足度第1位を獲得している．

　航空業界では，「安全性」，「定時性」，「利便性」を確保するという使命があるが，SFJではこれらは当然のことながら「快適性」を加えた戦略を実行している．これは航空機による旅客輸送が単なる「移動機能」だけではなく，「快適性」や「娯楽性」，つまり航空機で移動することそのものが観光要素として成立するのだという主張ではなかろうか．これまで，既存の航空会社では成し得なかった顧客視線での様々なサービス・オペレーションを全面に打ち出しな

図6-4　SFJのポジショニング

がら航空会社の新たなスタイルを確立させようとしている（図6-4）．
② 福岡市における"MICE"戦略

　福岡県福岡市は，西日本に位置する代表的な都市である．「アジアの玄関口」として，国際的な観光交流の中心的役割を担っている．近年，観光ビジネスにおいては，"MICE" よる観光振興が注目されている．"MICE" とは，M: Meeting（会議），I: Incentive（報奨・研修旅行），C: Convention（国際会議・大規模会議），E: Exhibition / Event（展示会・見本市・イベント）のことを指す．MICEでは，多くの人々をその地に集客でき，集まる人々の移動，宿泊，飲食ほか多様な消費行動が期待され，経済的効果も大きい．また，MICEの途中や終了後に参加者が近隣の観光地の観光を巡ることで，周辺地域にも波及的に大きな効果をもたらす．

　MICE誘致における効果は経済的効果にとどまらない．国際的な交流空間が創り出され，参加者と地域の市民との交流機会が増大することにより，その地域のグローバルな文化的効果も大きい．地域名や周辺観光地の存在が認知されることによる地域ブランドの構築などが期待できる．しかしながら，特にコンベンションやイベントでは多国籍・多人数が集まる場合が多く，開催地では受け入れ体制の整備が必須となる．開催会場施設の整備，移動手段や宿泊施設，飲食施設の確保，多言語による案内表示，安全上の警備やボランティアの確保など，MICE誘致にあたり，自治体，観光ビジネス業界が一体となって受け入れ体制を整えることが重要である．

　表6-2のとおり，福岡県福岡市では，ここ数年は全国で第2番目に多い国

際会議を受け入れている．しかも，その数は年々増加傾向にある．福岡市内には，複数のMICE対応可能な施設があり，それに伴う大型ホテルも数多くある．また，福岡空港から福岡市内へは地下鉄で10分以内でアクセス可能で，博多駅を基点とした九州各県への鉄道路線網も完備されている．九州各県には，温泉観光地をはじめ，様々な観光スポットや観光施設が点在しており，MICE開催前後の小旅行（エクスカージョン）も豊富に選択できる．

福岡県，福岡市といった自治体もMICE誘致を積極的に推進していると共に，関連団体である公益財団法人福岡観光コンベンション・ビューローをはじめ，福岡市や関連の観光企業・団体で構成される福岡観光プロモーション協議会も観光振興政策の1つとしてMICE誘致活動を行っている．「九州はひとつ」を理念とし，九州7県の企業・団体で構成されている一般社団法人九州観光推進機構においても，「観光王国・九州」の実現を目指して7県が協力して観光振興を推進すると共に集客戦略を展開している．MICE誘致に関しても同様に力を入れていることは言うまでもない．

MICE誘致に関しては，自治体，観光関連団体，観光ビジネス関連企業，地

表6-2　国際会議の開催件数（2012～2016年）

| 順位 | 2016年 | | 2015年 | | 2014年 | | 2013年 | | 2012年 | |
|---|---|---|---|---|---|---|---|---|---|---|
| | 都市 | 件数 | 都市 | 件数 | 都市 | 件数 | 都市 | 件数 | 都市 | 件数 |
| 1 | 東京(23区) | 574 | 東京(23区) | 574 | 東京(23区) | 574 | 東京(23区) | 574 | 東京(23区) | 574 |
| 2 | 福岡市 | 383 | 福岡市 | 363 | 福岡市 | 336 | 福岡市 | 253 | 福岡市 | 252 |
| 3 | 京都市 | 278 | 仙台市 | 221 | 京都市 | 202 | 横浜市 | 226 | 京都市 | 196 |
| 4 | 神戸市 | 260 | 京都市 | 218 | 横浜市 | 200 | 京都市 | 176 | 横浜市 | 191 |
| 5 | 名古屋市 | 203 | 横浜市 | 190 | 名古屋市 | 163 | 大阪市 | 172 | 大阪市 | 140 |
| 6 | 横浜市 | 189 | 名古屋市 | 178 | 大阪市 | 130 | 名古屋市 | 143 | 名古屋市 | 126 |
| 7 | 大阪市 | 180 | 大阪市 | 139 | 千里(大阪) | 104 | 千里(大阪) | 113 | 千里(大阪) | 113 |
| 8 | 仙台市 | 115 | 札幌市 | 113 | 札幌市 | 101 | 神戸市 | 93 | 神戸市 | 92 |
| 9 | 札幌市 | 115 | 神戸市 | 107 | 神戸市 | 82 | 札幌市 | 89 | 仙台市 | 81 |
| 10 | 北九州市 | 105 | 千里(大阪) | 94 | 仙台市 | 80 | 仙台市 | 77 | 札幌市 | 61 |

（出所）日本政府観光局（JNTO）「国際会議統計」より．

元企業，経済関連団体など多様な組織が協働して有効なプロモーション戦略を展開することが必要である．

## 4　観光ビジネスの今後と課題

　観光者の観光行動に伴う消費の範囲は多種多様で広範囲に及ぶ．日本のみならず，世界各国が外客としての観光者の誘致に積極的に取り組んでいる．外貨の獲得はもちろんのこと，各種観光ビジネスの収益確保による国内経済やGDPの向上など，観光集客によって国家経済への貢献は極めて大きいと言える．

　ユネスコ（U.N.E.S.C.O: 国際連合教育科学文化機関）総会で採択される「世界遺産」は2017年7月現在，世界に1073件（文化遺産832件，自然遺産206件，複合遺産35件），日本では21件（文化遺産17件，自然遺産4件）が登録されている[9]．これらの世界遺産が登録されるたびに，観光対象として脚光を浴び，世界中から観光者が行き来することになる．観光ビジネスもこの現象に伴って，それぞれの事業としての役割に沿ったビジネスを展開することになる．この世界遺産登録1つをとっても，観光者はレジャーとしての観光行動に敏感であり，社会的な流行に直結している．

　しかしながら，観光行動の流行にはサイクルがある．つまり，現代社会の特徴とも言える様々な現象に関わる環境変化は著しく速度を増しており，観光ビジネスの環境変化に対する適応も時を置くことなく，素早く対応する必要がある．インターネットの普及により，われわれの生活に関する情報は24時間365日，いつでも，どこでもウェブサイトから入手することができる．さらには，「口コミ」という情報源によって，観光者自身が自律的に観光行動に関わる消費行動をコントロールできる時代を迎えている．

　日本で海外渡航が解禁されてからわずか50年あまり，劇的に観光形態も，それに関わる観光ビジネスの経営も変化し続けている．もはや，マス・ツーリズムの時代の感覚で事業展開することは現代社会では通用しない．世界中の各国が観光集客のための様々な政策や戦略を展開しており，それらに伴って観光者が創り出す観光現象が変化する状況で，観光ビジネスが立ち後れてはいけない．時代に沿った，観光者のニーズに合致する商品は何なのかを捉える感覚を持ち，行政機関と観光ビジネスとが協働可能なビジネスシステムを構築することが今後の課題となるであろう．

## 注

1）日本では1970年にB747ジェット旅客機が導入された．この航空機の座席数は約500席であり，高速大量輸送には最適であった．この年には大阪で日本万国博覧会が開催され，世界各国，国内の全国各地からの来場者輸送に大きな貢献を果たした．

2）1964年には，東京オリンピックが開催され，世界各国からの参加者や観戦客が日本を訪れた．それと同時に日本から海外への渡航者も徐々に増加していく契機となった．

3）国土交通省観光庁HP（http://www.mlit.go.jp/kankocho/kankorikkoku/kihonhou.html）を参照．

4）国土交通省観光庁HP（http://www.mlit.go.jp/kankocho/kankorikkoku/kihonkeikaku.html）を参照．

5）2017年12月現在で，世界最大の航空連合"スターアライアンス"は28社で日本ではANAが加盟している．"ワンワールド"は14社で日本ではJALが加盟している．"スカイチーム"は20社で日本の航空会社は加盟していない．

6）共同運航便（コード・シェア）とは，航空会社が運航していない路線を同じアライアンスメンバーの航空会社が就航している路線の飛行機の一部の座席を買い取り，便名（コード: Code）に自社の便名を付記することで，1機の飛行機の座席を分担することである．未就航の路線に新たに就航を計画するよりもコスト面において効率的であり，現在では多くの航空会社がこの方式を採用して運航路線を確保・拡大している．

7）FFP（Frequent Flyer Program）は通称「マイレージ・プログラム」と呼ばれる．各航空会社が集客のために作り出したプログラムで，飛行機に搭乗し，飛行した距離（マイル［1マイルは約1.6kmであるが，エアラインのFFPでは1マイル約1.85kmで計算される］）をポイントとして加算していき，貯まったポイント数によって無料航空券や座席のアップ・グレード，各航空会社の航空券や商品に換えることができる．各航空会社としては，顧客の固定化（リピート化）を視野に入れた集客戦略の1つである．顧客が所持するマイレージポイントは，アライアンス内のどのグループの航空会社にも付与することができる．

8）JCSI調査は，公益財団法人日本生産性本部サービス産業生産性協議会によって実施されている．

9）外務省外交政策「国際機関を通じた協力世界遺産」（http://www.mofa.go.jp/mofaj/gaiko/culture/kyoryoku/unesco/isan/world/，2017年12月20日閲覧）より．

　この外務省HPには世界遺産についての詳しい記述と日本の世界遺産登録に関する多くの資料が掲載されており，詳しい情報を参照することができる．

## 参考文献

伊丹敬之・加護野忠男［2003］『ゼミナール経営学入門第3版』日本経済新聞社．

ジャルパック［2014］『JALパック「いい旅，あたらしい旅.」の創造者たち』ダイヤモンド社.
スターフライヤー編［2017］『スターフライヤー漆黒の翼，感動を乗せて小さなエアラインの大きな挑戦』ダイヤモンド社.

Porter, M. [1985] *Competitive Advantage*, New York : Free Press（土岐坤・中辻萬治・小野寺武夫訳『競争優位の戦略いかに高業績を持続させるか』ダイヤモンド社, 1992）.

第7章

# 観光行動とマーケティング
## ──九州における観光行動の変化──

◎要約　九州が一大観光ブームを日本に巻き起こした1960年代から現在までの間，九州を訪れる旅行者の行動スタイルは，時代によって様々に変化してきた．この変化を，マーケティングにおける基本的な考え方に照らし合わせると，1960代から1980年代前半の「生産志向型観光」の時代，バブル期である1980年代後半から1990年代前半の「製品志向型観光」の時代，バブル崩壊後（1990年代）の「販売志向型観光」の時代，2000年代の「マーケティング志向型観光」の時代，そして2010年代の「社会志向型観光」の時代という区分にまとめることができる．

学習の課題
1. 九州を訪れる現在の旅行者の傾向と行動について，データを集め分析してみましょう．
2. これまでのあなた自身の旅行経験をふりかえり，その行動と当時の時代背景について分析してみましょう．

**keyword**
九州観光，観光行動，マーケティング・コンセプト，団体旅行，新婚旅行，個人旅行，テーマパーク，パッケージツアー，温泉，ボランティアツアー

第 7 章　観光行動とマーケティング

はじめに

　慰安旅行や新婚旅行の行き先として九州が一大観光ブームを日本に巻き起こした1960年代，そして，九州新幹線が開通し，全国から，さらに海外からも多くの旅行者でにぎわう現在の九州，その間，この地を訪れる旅行者の行動はどのように変化してきたのだろうか．本章では，九州を訪れる旅行者の行動の変化を，当時の新聞報道とともに振り返ってみたい．

## 1 観光行動とは

　観光とは観光者の移動を前提として成り立つ社会現象であり，すなわち観光現象は一人ひとりの観光行動の集合体とみなすことができる．そのことからも，観光行動を理解することは観光事象の全体像を把握するうえで欠かせない視点であるといえる．前田［1995］は，観光は大衆消費社会と大衆余暇社会を背景として成立してきた「新しい人間行動の形態」として捉える立場から，観光行動は消費行動の1つの形態であり，何らかの意図をもった選択行動として把握する必要があると述べている．ただ日常的な購買行動との違いは，観光行動は，旅行することそのものの選択や旅行目的の選択，旅行先の選択など，様々な選択の"連続過程"であるということであり，前田は，これらの選択条件の中で何を最も重視するかによって観光行動を類型化し，観光の大衆化過程との関連性を示している（図7-1）．それによると，観光の大衆化以前は，観光行動を行うか否かの選択そのものが重視される「旅行優位型」の観光行動が中心であったのが，観光の大衆化が進んだ段階になって，どこへ行くのかが重視される「旅行先優位型」，そしてさらに観光が一般化することにより，旅行先でどのような行動をするかが重視される「目的優位型」へと変化していくことが示されている．すなわち，観光行動は時代や環境によって変化するということである．
　では，九州における観光行動は，具体的にどのように変化してきたのだろうか．本章では，九州における観光行動について，日本において観光が一般化した戦後から現在までの変化を概観し，さらにそれらの変化から，九州観光のマーケティングの変化について考察していく．

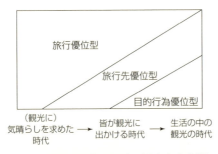

**図7-1 観光行動の類型と観光大衆化過程との関連**

(出所) 前田 [1995].

## 2 九州における観光行動の変化

### 1 「生産志向型観光」の時代 "何もしなくても旅行者が来てくれる"
――1960年代から1980年代前半まで――

　観光行動は，基本的に時間・経済などの"生活の余裕"を条件として生起しうる行動である［前田 1995］．1950年代から1970年代にかけて，日本は高度経済成長を経験し，その間，国民所得が増加，また企業における休暇制度の整備が進んだことで，国民の生活に時間的，経済的余裕が生まれ，観光行動が大衆化していった．これに対応し，日本各地で観光地の整備，開発が活発に行われ，九州にも観光ブームが訪れる．中でも目立ったのが，宮崎方面への新婚旅行客である．

　1960年，島津久永・貴子（昭和天皇の第五皇女）夫妻が新婚旅行で宮崎を訪問，ついで1962年，新婚間もない当時の皇太子夫妻も宮崎を訪問．さらに1965年，宮崎を舞台としたNHK連続テレビ小説「たまゆら」の放映．これらをきっかけに宮崎への新婚旅行ブームが巻き起こった．統計によると，1962年から1978年の間に約300万組の新婚旅行客が宮崎市を訪れており，ピークだった1974年には全国の新婚旅行者の約35％が宮崎市に宿泊したとされている［みやざき観光コンベンション協会 2011］．

　1965年4月11日の『朝日新聞』に，東京方面からの当時の典型的な新婚旅行

コースの1つとして九州コースが紹介されており，当時は，伊勢・南紀・関西方面に次ぐ人気の新婚旅行先であったと記されている．それによると，1日目は東京から飛行機で宮崎へ移動し，宮崎市内に宿泊，翌日は定期観光バスで日南海岸めぐり，3日目は宮崎から鉄道で別府へ移動，その後地獄めぐりを楽しみ，夕方関西汽船で神戸へ出発，船中泊の後，翌日の昼ごろ神戸に到着し，新大阪に移動，その後，開通したばかりの東海道新幹線で東京に戻るという3泊4日の行程で，費用は7万5000円となっている．

また，1972年9月19日の『朝日新聞』には，当時の平均的結婚事情として，新婚旅行先はグアム，ハワイを中心に海外組も増えてきたものの主流は九州であり，旅行費用は10万から20万円，結婚式はなるべく質素に，新婚旅行は豪華にという傾向が紹介されている．

宮崎への新婚旅行が当時の九州における観光の1つの大きな流れとなる一方，一般旅行客の観光拠点として大きな役割を果たしたのが別府をはじめとする温泉観光地であった．別府は，1920年代，現亀の井ホテルの創業者油屋熊八の尽力により，すでに九州有数の観光地としてその名が全国的に知られる存在であったが，1960年代になり，九州横断道路開通（1964年），杉乃井パレスの開業（1967年）などにより観光客受け入れの態勢が整い，さらに多くの観光客を集めることとなる．当時の典型的な観光スタイルは，地域や職場の団体単位で大型バスを貸切バスで移動，地獄めぐりなどの観光を楽しみ，大型温泉旅館に宿泊，夜は旅館で宴会といった「団体慰安型」の観光行動であった．

このように，この時代の九州における観光行動は，新婚旅行，団体旅行が主流となり活発化していった．しかし，1970年代以降，その状況に変化が訪れる．その1つの要因が，1964年に自由化された海外旅行である．1970年代になり一般消費者が手に届くような価格設定のパッケージツアーが登場することで，海外旅行のマーケットが急速に拡大していく．加えて1972年に沖縄が返還され，それを機に新たな旅行先として沖縄が注目を集めることになる．その結果，九州は，人気旅行先としての座を海外や沖縄に奪われることとなったのである．

さらに大きな影響を与えたのが，1973年のオイルショックである．原油価格高騰により，世界的に経済が混乱，日本においても国民の消費生活が一変し，観光に対する意識にも大きな影響を与えた．これまで積極的に行われていた企業や地域，学校といった大きな単位での観光行動が縮小化をみせる．1970年代中盤から1980年代にかけて，九州における観光行動には具体的に以下のような

変化がみられた.

● 旅行形態の変化

　これまでの団体旅行にかわり，若者同士の小グループや家族での小グループの旅行が増加した．さらに，1970年から当時の国鉄によって行われた大キャンペーン「ディスカバー・ジャパン」の影響で，個人旅行や女性同士の旅という新たな潮流が日本人の観光スタイルに定着することとなった．そのことを象徴しているのが当時流行した「アンノン族」である．1970年代から80年代，当時人気だった『anan』『non-no』などの女性誌を片手に一人旅や少人数で旅に出かける行動が若い女性の間でブームとなり，彼女たちはアンノン族と称された．彼女たちが好んだ旅行先は，これまで団体旅行者から支持を得ていた歓楽型大型温泉地ではなく，落ち着いた静かな雰囲気を楽しめる小規模な観光地であり，九州では，由布院温泉などが人気を集めたのである．

● 旅行先での活動の変化

　旅行形態の変化は，旅行先での活動にも影響し，乗馬，テニス，ゴルフ，プールなどといったスポーツや，当時若者に人気のあったニューミュージックやフォークの野外コンサートが人気を集めることになる．当時，このような若者向けの野外コンサートが，地域における新たな文化活動の1つとして注目されるようになり，国や自治体が，公共の公園施設などをコンサート会場として提供し，後援団体に名を連ねるなど積極的に誘致に乗り出した．九州においても，別府市の城島高原や福岡市の能古島など大規模な野外コンサートが実施され，中でも，1983年に福岡市東区海ノ中道海浜公園において開催されたニューミュージック系人気歌手浜田省吾の野外コンサートは，国営の海浜公園で開催されたものとして全国でも初めてのケースであり，全国から2万5000人もの観客を集めた（『日本経済新聞』1983年7月12日部版夕刊）．このように，観光名所を見学してまわるといった周遊型の「みる」旅行から，特定の目的のもと，滞在型の「する」旅行へとスタイルが変化していった．

● 移動手段の変化

　これまで旅行先や観光地間への移動は団体による貸切大型バス利用や定期観光バスが主流であったが，これらにかわり大きな伸びを見せたのがマイカーや

レンタカーの利用である．統計によると，全国における自動車（乗用車）の保有台数は1966年には約229万台だったのが，1976年には約1738万台となっており，10年の間に実に約7.6倍の伸びを示している［自動車検査登録情報協会 2015］．1964年には九州横断道路が開通，九州自動車道も整備が進み，九州においても車を利用した旅行が促進される．また，1975年に山陽新幹線が博多まで開通，前述した国鉄「ディスカバー・ジャパン」キャンペーンの影響により，新幹線を利用した個人旅行が一般化したのもこの時代である．

● 滞在先の変化

このような観光スタイルの変化に対応し，当時急成長した新たな宿泊施設のタイプがペンション（洋風民宿）である．軽井沢や清里などの高原リゾートでのペンション人気を受け，九州でも1980年代中盤，阿蘇山周辺を中心にペンションが続々と建設された．当時25件のペンションが立ち並んでいた「阿蘇ペンション村」では，周辺にゴルフ場，テニスコート，プールなどのレジャー施設があり，福岡や熊本などからマイカーやレンタカーを利用して訪れる若者客が多くみられた．当時の『日本経済新聞』(1985年4月2日西部版夕刊)には，「九州の軽井沢」を目指す阿蘇ペンション村についての記事がみられる．それによると，利用客は若者が圧倒的であり，名所見物よりもテニス，乗馬などスポーツを目的にした客が多いこと，宿泊客の9割以上はペンション滞在が初めてで物珍しさも人気の一因であること，手作りのフランス料理を食べ，モダンな建物に泊まることで満足して帰るアンノン族が多いことなどが記述されている．また，同じく『日本経済新聞』(1984年7月26日西部版朝刊)では，福岡市から阿蘇ペンション村を月1回はたいてい訪れるという20代看護士グループの声を紹介し，既存の宿泊施設になかった家庭的な雰囲気と手ごろな料金がペンションの魅力であると紹介されている．

以上の変化からみえてくることは，旅行という行動が，これまでは新婚旅行や社員旅行などといった「ライフイベント」としての社会的な位置づけから，「日常における余暇活動」という個人的な位置づけへと変化していくことである．

では，この時代の九州観光を，マーケティング・コンセプトから説明すると，どのように特徴づけられるであろうか．マーケティング・コンセプトとは，組織の市場活動に影響を及ぼす行動理念であり，組織が自己の製品を市場でより

多く販売するために市場で実行すべき活動の基本方針である［野口 1994］．これまでに登場した主要なマーケティング・コンセプトは，「生産志向」，「製品志向」，「販売志向」，「マーケティング志向」，「社会志向」の5つであり，市場が成熟するにつれ時代とともに変化している［コトラーほか 2014］．観光現象も観光事業にかかわる様々な組織の市場活動と捉えることができ，より多くの観光客を呼び寄せるために時代とともにその活動の基本方針は変化しているだろう．これらの変遷を考察することで観光市場の成熟過程が見えてくると考えられるのである．

　そこで，1970年代前半までの九州における観光を，先ほど述べたマーケティング・コンセプトにあてはめ考察すると，「生産志向の時代」と捉えることができるだろう．生産志向とは，需要に比べて供給が未成熟な段階において，企業は自らの生産性向上に集中すべきであるという考え方である．この時代の観光需要について考えてみると，観光という消費行動がブームとなったものの，旅行者の受け入れ先となる観光地は現在ほど多くは存在していないため，旅行先としての選択肢は少ない．すなわち需要が供給を上回っている状態であり，そのため，観光地は観光資源や観光資源といった受け皿を整えることが最重要課題である．ただ見方を変えると，観光地は収容力を上げさえすれば，旅行者に行き先として選ばれる時代だったのである．また，前掲の前田［1995］によると，当時は，旅行に出かけること自体が重要だった「旅行優位型」の時代であり，旅行者は行き先やそこで何をするかよりも，ただどこかに出かけるということが重要だったため，旅行先としての評価は意思決定においてそれほど重要ではない．前述したような団体慰安型の旅行に対応できる旅行先でありさえすれば，旅行先として選択されるのであり，九州はこのような旅行先に恵まれていたと言えよう．さらに，旅行行動が大衆化されていく過程の途中のため，旅行者にとってはどの旅行先も「目新しい」ものであり，観光地あるいは観光産業側から提供された楽しみをそのまま受け入れるといった，観光地主導型の観光行動といえるだろう．

　しかし，生産志向という考え方は，市場が形成された初期には通用するが，市場が徐々に拡大され，競争が発生すると無理が生じてくる．消費者は，選択肢ができると，当然「よりよい」ものを求めるようになるからである．この時代の九州における観光市場も同様の変化を見せた．70年代前半まで，観光ブームの恩恵を一手に受けていた九州の温泉地や新婚旅行先は，沖縄や海外といっ

た新たな旅行先の出現により，一転窮地に追い込まれたのである．

　前述した前田［1995］によると，観光行動が一般化されるにつれ，「旅行優位型」から「旅行先優位型」の観光タイプが出現するようになる．すなわち「どこにいくか」が旅行者の意思決定において重要視されるようになってくるのである．観光ブームにより，多くの人が九州に訪れた結果，九州はもはや目新しい旅行先ではなくなってしまい，「どこにいくか」が重要な意思決定要因の旅行者にとって，九州は選択されにくくなってしまったと考えることができるだろう．このように九州は，1960年代〜70年代前半の「何をしなくてもお客さんが来てくれる」生産志向の観光が行き詰まり，70年代後半〜80年代前半まで低迷の時代を迎えることとなる．かつての旅行者を海外や沖縄に奪われた九州では，しばし大きな動きは見られず，ファミリーや小グループ単位の近距離移動が観光行動の主流となったのである．

## 2　「製品志向型観光」の時代　"スゴイものを造れば旅行者は来てくれる"
―― バブル期（1980年代後半から1990年代前半）――

　1960年代〜70年代前半の生産志向の観光が行き詰まり，その後のスタイルに対応できていなかった九州はしばし低迷するが，80年代後半から大きな動きをみせることになる．テーマパークを核とした大型リゾート施設の開業ラッシュである．1983年東京ディズニーランドが千葉県浦安市に開業し，その後，テーマパークの一大ブームが全国的に巻き起こるのだが，九州におけるその先駆けが，1983年7月に長崎県西彼杵郡西彼町（現・西海市）に開業した長崎オランダ村である．地元企業らの共同出資により，長崎県にゆかりの深い17世紀のオランダの街並みを忠実に再現するというコンセプトのもと，大村湾に面した1万3000平方メートルの広大な敷地に当初総工費18億円で建設されたこの施設は，当時多くの注目を集めた．開業以降も着々と設備拡張を行い，本格的に設備が整った1986年には入場者数120万人を突破した．折しも80年代中盤からのバブル景気によるレジャー機運の高まりとともに，九州における観光の目玉と急成長したのである．

　オランダ村の出現により，九州における観光行動に大きな変化が生じた．まず，外国の街並みを本物そっくりに再現するというテーマパークのコンセプトそのものが日本において当時は斬新なものであり，その訴求力は関西，関東圏の旅行者にまで有効であったこと，すなわち当時は遠距離圏から交通費をかけ

ても訪れてみたいと思わせるようなものであり，その結果，1970年代の九州観光ブーム以来，再び関東，関西などの遠距離圏からの人の流れが見られるようになったことである．これには，当時のバブル景気により，旅行をはじめとする余暇活動に対する個人消費が上昇したことや，東京ディズニーランドの登場をきっかけにしたテーマパークに対する関心が高まっていたことも大いに影響しているだろう．そして九州では，オランダ村を中心とした新たな北部観光周遊ルートが形成されることになるのである．

　その後，総合保養地域整備法（通称：リゾート法）が1987年に制定され，テーマパークをはじめとする複合リゾート観光施設が全国において次々と計画，建設されていった．中でも九州での動きは活発で，1990年代には全国の1／3以上を占める30を超えるテーマパークが乱立，「テーマパーク銀座」とも称されるほどであった（『日本経済新聞』1995年3月18日 西部版夕刊）これらのうち，オランダ村に続き新たな観光周遊ルートの形成に特に影響したのが，1990年開業のスペースワールド（福岡県北九州市），1992年開業のハウステンボス（長崎県佐世保市），そして1994年開業のシーガイア（宮崎県宮崎市）である．新日本製鉄が創業の地である八幡製鉄所内の遊休地に建設した宇宙をテーマにしたスペースワールドは，開園初年度で目標の200万人の入場者数を達成，北九州市全体への観光客数もその年大幅に増加し，これまで観光目的地として選択されることがなかったこの地域へ観光客の流れをつくりだした．また，長崎オランダ村を前身とする巨大レジャー施設ハウステンボスも，開業初年度で400万人もの入園者数を記録，長崎県全体の観光客数も過去最高水準に達した．ハウステンボス効果は佐賀県，福岡県など北部九州各県にも波及し，福岡県では不況の影響にもかかわらず1992年の観光客数が過去最高を記録した．このように北部九州への観光客の流れが活発化する一方，1970年代の新婚旅行ブーム以来低迷を続ける南九州へ再び観光客の流れをつくりだしたのが，世界最大の開閉式ドームを備えた室内ウォーターパーク「オーシャンドーム」が目玉の大型複合リゾート施設シーガイアである．九州縦貫自動車道の全通も後押しし，宮崎，鹿児島への観光客の流れが大幅に増加した．

　このように，この時代の九州における観光行動のパターンは，近・遠距離圏からの旅行者が，大型複合リゾート施設を主目的に訪れ，これらを拠点として新規開発された周辺観光施設を巡るというのが主流となったのである．

　このような観光スタイルが九州でブームとなった背景として，観光行動の更

なる一般化が指摘できるだろう．旅行市場そのものが幅広い年齢層に拡大し，旅行に出かける単位もファミリー，若者やシニア仲間など多様化していったが，このような大型複合リゾート施設はあらゆる層に対応できるということが人気を集めた理由の1つであろう．また旅行形態がマイカーや公共交通機関などを利用した個人型にシフトしていく中，これらの大型複合リゾート施設は，従来の観光地のようにガイドや添乗員の案内のもとに大型バスでしか訪れることができないような場所とは異なり，アクセス面や現地での滞在，行動においても個人で自由に行動しやすい仕組みとなっている．このように，バブル景気を背景に旅行市場が拡大し，多くの旅行者が経験値を上げていく時代の中で，これまでの定番観光地でお仕着せの名所見学に「連れていかれること」に飽きた旅行者にとって，「自らが出向いていく」旅行の新たな目的地・過ごし方・遊び方としての魅力を提供したのが，これらの大型複合リゾート施設だったのである．

　ではここで，マーケティング・コンセプトの視点から，この時代の九州観光のありかたを考察していく．当時の観光行動の拠点となった大型リゾート施設はいずれも，バブル景気を背景に巨額の投資のもと建設されたものであり，従来の観光施設では見られなかったような新しい技術やコンセプトが導入されている．このように観光施設の豪華さや斬新さといった「質の高さ」で集客をめざすという方法から，この時代の九州観光は「製品志向の時代」といえるだろう．製品志向とは，顧客は高品質の製品を望んでおり，品質を高めれば製品を購入してもらえるという考えのもと，高品質製品の生産を第1の目標に市場活動を行うことである．

　しかし，この志向にも落とし穴が存在する．「高品質」と「顧客ニーズ」のミスマッチの問題である．Levitt [1960] は，「消費者はドリルを求めているのではなく，4分の1インチの穴を求めているのである」と述べ，企業がその商品の製品の機能を向上させることのみに目が行き過ぎてしまい顧客ニーズを見落としてしまうという「近視眼的マーケティング」（マーケティング・マイオピア）の危険性を指摘している．企業がいくら高性能のドリルを提供したとしても，例えば他に，穴を開けるサービスを提供する企業が出現した場合，消費者は後者を選ぶだろう．つまり，消費者が求めていないものであれば，どんなに質の高い「よいもの」であっても市場に受け入れられることはないのである．

　オランダ村やハウステンボスのような，海外の街並みを模したテーマパーク

は当時全国各地で開業が相次いだが，これらの施設は本当に旅行者の求めているものだったのだろうか．80年代後半から日本人の海外旅行者数は急激な伸びを示し，1990年には1000万人以上を突破した．しかも1985年のプラザ合意と円高の進行を追い風に，行き先によっては国内旅行よりも海外旅行の方が割安に出かけられる時代でもあった．このように海外旅行により手軽に出かけられるようになった時代に，国内で体験できるいわば「偽物の外国」に，旅行先としてどれだけの魅力があるのだろうか．特に九州の場合，首都圏や関西圏からコストをかけて訪れた旅行者が，九州という地で「外国」を体験することのニーズはどれほどのものだろうか．シーガイアを代表とするレジャー・リゾート施設も同様である．同程度，もしくはもっと安い費用で海外の「本物」のビーチを訪れることができる時代に，わざわざ九州で「人工」のビーチを体験することにどれほどの魅力があるのだろうか．しかも，これらの観光施設は新たに「滞在型リゾート」をうたっているが，日本では，当時ようやく公立小中学校，および高等学校での隔週土曜日の休業が導入されたばかりであり，一般企業においても長期休暇にはまだまだ対応できてところが大半であった．つまり，観光施設側の意図と，利用者側の実情がマッチしていないのである．ここに，製品志向の落とし穴が存在する．すなわち，観光地側は巨額の投資のもと「よいもの」を提供しているつもりでも，旅行者にとって「意味のないもの」であれば，新しさと話題性で一時は人気を集めても，長期的にみると市場で生き残ることはできないのである．

　またもう1つの落とし穴として「差別化」の限界が指摘できる．企業側が高品質の製品を市場に投入することで他社と差別化を図ることができても，追随する企業が同様の品質の製品を市場に投入することにより，競争優位を保つことは困難になる．前述したとおり，1987年のリゾート法の成立を背景に，同様のテーマパーク型観光施設が各地で続々と開業し，このことが結果的に同じような観光施設の乱立を招いた．しかも，テーマパークという施設の性質上，テーマは異なるともアトラクションやショーなどといった構成要素は基本的に共通しているため，旅行者はどのパークでも結局は同じような体験をすることになる．すなわち，当初は他の観光地との差別化を図って建設された施設が，あっという間に全国どこにでもあるような陳腐な観光地となってしまったのである．

　バブル景気を背景に九州地方に次々と登場したテーマパークや複合リゾート

施設は，開業直後こそ好調だったものの，多くが一時的なブームに終わり，結果的に経営破綻に陥ってしまったことは周知のとおりである．このように，九州における大型複合リゾート施設を拠点とした周遊型個人旅行のスタイルも，バブル景気の終焉とともに急速に消滅していったのである．

## 3 「販売志向型観光」の時代 "売り方次第で旅行者は来てくれる"
——バブル崩壊後（1990年代）——

　バブル期の派手な動きから一転，1990年代の九州における観光行動の主流は，景気の冷え込みを背景に安近短志向の近郊レジャーという身の丈に合ったものへと再び変化していく．その典型的な事例が，この時代に登場し人気を集めた「格安国内パッケージツアー」である．1994年5月30日の『日本経済新聞』では，食べ放題をうたい文句にした割安の国内パッケージツアーが女性のグループ客などを中心に人気を集めている記事が掲載されている．九州でも皿うどん食べ放題などのツアーが企画されるなど，需要が低迷する国内長距離旅行商品にかわって続々と品ぞろえが拡大されていった．
　また，1995年には九州縦貫自動車道が全通，翌年には九州横断自動車道の玖珠―湯布院間の開通で大分と長崎が結ばれ，高速道路を利用した九州内の移動が整備された．それに伴い，九州内での「日帰りツアー」が新たに多数企画され活発な動きを見せる（『日本経済新聞』1995年7月18日）．中でも，鹿児島などから福岡へ向かうツアーは若者客を中心に特に人気を集めることになったが，これらの行き先として選ばれたのが，この時代に福岡市内で開業が相次いだ商業レジャー施設である．1991年博多埠頭周辺に整備された「ベイサイドプレイス博多」に続き，「福岡ドーム」と「シーホークホテル＆リゾート」からなる「ホークスタウン」が1995年に開業．そして，翌年には，ホテル，劇場，ショッピング・飲食施設を含む「キャナルシティ博多」が登場し，福岡市近郊のみならず，九州全域から，若者を中心とした日帰り旅行の訪問先として新たな観光行動の動きが形成された．
　一方，九州圏外からの動きとしては，関西圏から九州方面への航空機を利用した「激安ツアー」が次々と登場する．これは，1994年の関西国際空港開港による国内便の大幅増便で，九州方面発着の航空運賃の値崩れが顕著になったこと，また当時雲仙普賢岳の噴火災害や景気の低迷で観光客が減り，九州内でのホテルや旅館が低価格での部屋提供に協力的であったことが背景となってい

る．1994年8月23日の『日経流通新聞』によると，関西空港や伊丹空港発着，往復航空機利用，一泊宿泊代込みで3万円台割れの商品が登場し，正規の航空運賃を下回る価格ということで旅行者にアピールしている様子が紹介されている．

　さらに，当時の旅行者行動の変化をもたらす動きとして注目したいのが，日本旅館の「泊食分離」方式導入である．前述したとおり，九州が観光ブームに沸いた1970年代，旅行者は売店，娯楽施設，宴会場などを完備する大型旅館に宿泊し，食事や娯楽，買物もこれらの施設内で行うのが通常のスタイルであった．しかし，その後，旅行者行動は多様化し，様々なタイプの宿泊施設が登場することで，旧来の大型温泉旅館はその割高感や画一的なサービスが課題となり客離れが進んだ．そこで対応策としての新たな試みが「泊食分離」方式の導入であった．旅館では一般的に，一泊二食付の料金でサービスを提供しているが，宿泊のみの料金設定を導入し，食事は宿泊者が自由に選択できるようにすることでホテルなど他の宿泊施設との価格競争に対応しようとするものである．九州では雲仙などで試験的に導入され，その後別府など他の温泉地の大型旅館でも積極的に実施されるようになった（『日本経済新聞』1994年11月25日地方経済面九州）．これにより，旅行者の宿泊施設の選択幅が広がっただけではなく，従来のように，旅館に宿泊した旅行者の回遊行動が施設内で囲い込まれるのではなく，外の店に食事に出かけるなどといった変化がもたらされたのである．

　この時代に登場したこれらの旅行商品やサービスの訴求ポイントとして共通しているのは，なんといっても割安感である．各社が商品やサービスを拡大するにつれ価格競争も激化していき，旅行商品に対する消費者の参照価格は，ますます下落していったのである．すなわち，この時代の九州における観光行動は，「割安感」をキーワードにした新たなスタイルといえるであろう．このように，割安感で消費者の購買意欲を高め売り込み攻勢をかけていくというこの時代の観光のマーケティング手法は，「販売志向」と位置付けることができる．販売志向とは，すでにモノが市場に行きわたり，供給が需要を上回っている状況の中で，販売活動を強化することで消費者の購買意欲を刺激し，購買行動を促す方法である．ただ，このコンセプトにも落とし穴がある．企業が目先の利益を優先し，とりあえず購入してもらうために販売活動を重視し価格を下げると，市場は価格競争に陥り，製品の質を下げない限り企業は対応できなくなる．このような価格競争には当然限界があり，市場は荒廃する．さらにこのような

「安かろう，悪かろう」の対応は，一時的に消費者の購買意欲を刺激できても，長期的に顧客との関係を結びにくい．成熟した市場においては消費者はそのうち価格以外の価値を求めるようになるからである．

バブル後の不況を背景に冷え込む旅行意欲を刺激するため，価格を落とした旅行商品は，価格面では一旦旅行者を満足させることができても，質の面で満足させることは後回しであることが多かった．その結果，客足は一時的には復活するものの，旅行行動にそのものに対する満足度は低いため，やがて，お金を払ってもいいから満足する旅行がしたいと，価格以外の価値を求める旅行者が出現することになるのである．特に観光は，Baudrillard［1974］の指摘する「記号の消費」に大きくあてはまるといわれる．記号消費とは，その商品自体の使用価値よりも，その商品を使用することの社会的意味が重要な消費のことであるが，観光旅行も，自宅から旅行先に移動するという行動の機能的価値そのものにはほとんど意味は持たず，その行動によって得られる経験に意味をもつと考えられる．そのような性質を踏まえても，安さという機能的価値だけでは，旅行商品として旅行者を満足させることは難しいといえるのである．

## 4　「マーケティング志向型観光」の時代　"旅行者の求めるものに対応しよう"
### ——2000年代——

2004年，待望の九州新幹線が新八代—鹿児島中央間で一部開通を果たした一方で，九州観光は大きな転換点を迎えることになる．その1つの象徴が，バブル期に九州における観光の動きの中心としての役割を果たした大型レジャー施設の経営破綻である．入場者数の低迷により初期投資の際の巨額な負債を解消できなかったことを背景に，2001年にはシーガイア，2003年にはハウステンボスがそれぞれ会社更生法の適用を申請することとなった．一方，バブル崩壊以降の観光の動きをけん引した，割安感をキーワードとした観光商品は，引き続き市場に存在し続ける．しかし同時に，旅行経験を積んだ旅行者や経済的余裕のあるシニア旅行者などを中心に，価格以外の価値を求める層が出現していく．その結果，2000年代以降，多様な観光スタイルが出現することになるのである．

例えば由布院や黒川温泉を代表とする個性派小規模温泉地の台頭である．由布院温泉（大分県）は，1960年代から玉の湯や亀の井別荘などの地域の旅館が中心となり豊かな田園風景を守りながら独自の街づくりを進めてきたことで知られている．同様に黒川温泉（熊本県）も，老舗旅館新明館の後藤哲也などが

けん引役となり「街全体が一つの宿　通りは廊下　旅館は客室」というキャッチフレーズのもと，黒川の自然を生かした魅力ある街づくりを行ってきた．小規模で趣向を凝らした個性的な宿が点在するこれらの地域では，旅行者はかつての大型歓楽温泉地のように宿泊施設内に囲い込まれて行動が完結するのではなく，買物や食事，外湯めぐりなどそれぞれの目的に応じて地域内を回遊し，地域の魅力そのものを楽しむことができるしくみとなっている．これらの個性派温泉地の人気は全国レベルのものであり，シニア層や女性客などを中心に遠距離圏からの旅行者の動きも活発となった．

　また，観光地における旅行者の活動として「街歩き」がブームとなる．そのきっかけをつくったのが「別府八湯ウォーク」，そして「長崎さるく博」である．別府八湯ウォークは，別府八湯の各エリアの街の魅力を，観光ボランティアガイドとともに歩いて楽しむイベントであり，2001年から始まった体験型イベント「別府八湯温泉博覧会（オンパク）」における様々な体験型プログラムの1つとして実施されたものである．このイベントが人気を集め，やがて温泉地の活性化策のモデルとして全国で同様のイベントが行われるようになった．この人気をうけ，長崎でも2006年から「長崎さるく博」が始まった．長崎さるく博は日本初の街歩き博覧会と称し，長崎の歴史や文化，風俗にちなんだ街歩きコースが数多く設定され，地元住民がつとめるガイドとともに街歩きを楽しむものである．これらの街歩きに共通しているのは，街歩きのコースにはそれぞれ地元住民が主体となりテーマが設定され，数多くのコースの中から旅行者が好きなコースを自由に選択して参加するということである．また，市民ガイドとのやりとりを通じて，これまで一般的に観光スポットとして知られていなかったような場所が新たに観光目的として設定されたことも特徴である．このように，前述した個性派小規模温泉地と同様，旅行者が思い思いのスタイルで地域内を回遊して楽しむ観光行動が人気となった．

　このほかにも，これまで観光資源とはみなされていなかったようなものが，観光の対象となる．例えば，B級グルメのブームである．2006年からご当地グルメで町おこしを図るイベント「B-1グランプリ」が2006年から始まったのをきっかけに，これまで観光目的とされていた地域を代表する郷土料理とは異なり，地域で親しまれていた庶民的で手軽な料理が観光資源として着目されることになる．九州でも，小倉（福岡県北九州市）の焼うどんや長崎のトルコライスなどが人気となり，これらを目的として地域を訪れ，人気の店に行列をつくる

様子が各地で見受けられた.

　また，2007年，タレントの東国原が宮崎県知事に就任し，自ら宮崎のセールスマンとして，マスコミに頻繁に登場．それをきっかけ宮崎が全国的に注目を浴びるようになり，1960年代の新婚旅行以来の宮崎観光ブームが訪れる．そこで，新たな観光資源となったのが宮崎県庁舎である．県庁舎はパッケージツアーのコースにも組み込まれ，知事室や知事のイラストが描かれたパネルの前で写真を撮る観光客の姿が見られた．これらの動きは特に県外からの観光客が中心であり，統計によると，東国原が知事に就任した2007年に約232万人の観光客が宮崎県を訪れたが，そのうち約84万人が県外からの観光客であり，前年の79万人を大きく上回っている［宮崎県観光推進課 2013］．

　このようにこの時代の観光スタイルに共通しているのは，旅行者の「個性」に基づき，地域の「個性」を楽しむということである．これまでの観光は，観光地側や観光産業側から提供された画一的な商品を消費したものといえるだろう．しかしこの時代の観光スタイルは，旅行者自らが観光資源を発掘し，思い思いに様々な場所に出かけるなど，行動が個性化，多様化している．このように，観光行動が個性化，多様化した背景に，インターネットの普及が指摘できるであろう．インターネットを通じ，これまでは旅行会社に依存するしかなかった旅行の手配を自らで行うことができるようになり，また観光情報についても，インターネット上の口コミという形で，提供者側ではなく旅行者側が直接発信した加工されていないものを入手することが可能になった．同時に，新幹線や高速バスなど，九州における交通インフラ整備が整ったことも後押しし，これまでの旅行会社主導型ではなく，旅行者自らが主体的に意思決定を行う旅行者主導型の観光行動へと変化していったのである．

　このように成熟した旅行者の個々のニーズに対応し，地域が旅行先として様々な楽しみ方をアピールしていく観光のあり方は「マーケティング志向」といえるだろう．マーケティング志向とは，消費者のニーズやウォンツに基づき，それを満たす製品を市場に提供しようという考え方である．これまでの生産志向，製品志向，販売志向は，提供者側の理論から出発した「プロダクト・アウト」の考え方であるのに対し，マーケティング志向とは，消費者の視点が起点となった「マーケット・イン」の考え方であり，消費者の満足を第1とするものである．観光の場面についていえば，これまで旅行者は与えられた観光スタイルで楽しむという受け身の姿勢だったのが，この時代になり，旅行者自らが

満足できる楽しみをみつけるという能動的な姿勢へと変化している．そして，このような旅行者の先行した動きに応じ，地域側も成熟した旅行者のスタイルに対応するような新たな観光資源を掘り起し提供している．すなわち，観光地側に存在する観光資源を一方的に提供するのではなく，旅行者の満足を起点に彼らのニーズに合わせた観光資源を提供する「マーケティング志向」の観光へと移り変わってきたのである．

## 5　「社会志向型観光」の時代　"地域と旅行者が共に歩む"
### ——2010年代——

日本に未曾有の被害をもたらした東日本大震災，その発生の翌日である2011年3月12日，九州新幹線博多—鹿児島中央間が全線開通，それにより東京より鹿児島までが新幹線一本でつながった．そして，2013年，訪日外国人旅行者数がついに1000万人を超え，九州にも外国人旅行者の姿が多くみられるようになった．2020年の東京オリンピック開催を契機に，九州も東アジアからの旅行者の玄関口として大きな役割が期待されている中，今後，観光行動はどのような変化をみせるのだろうか．ここまで，1960年代から2000年代までの九州における観光行動の変化を概観し，マーケティング・コンセプトの一連の流れにあてはめながら観光市場の成熟過程を考察してきた．それによると，1960年代から，それぞれ生産志向，製品志向，販売志向，そして2000年代はマーケティング志向と位置付けることができた．では，2010年代以降はどのように特徴づけることができるだろうか．

マーケティング・コンセプトの変遷においては，マーケティング志向の次段階として「社会志向」のマーケティングが示されている．社会志向のマーケティングとは，顧客満足だけでなく，社会全体の利益を考えた企業活動の在り方である．ターゲットとする市場の目先の満足をただ満たすのではなく，長期的な視点で，顧客を含む社会全体の幸福をめざすことを目標とするマーケティグであり，コトラーほか［2014］は，企業は自らのベネフィットと人々の満足，社会の幸福の3点に留意し，バランスのとれたマーケティング戦略を設計しなければならないと主張している．

このような考え方は，観光の場面においても採り入れられており，近年，エコツーリズムなどをはじめとした「持続可能な観光」が推進されている．持続可能の実現にあたっては，従来の観光のように，旅行者の目先の満足を満たす

ために地域の観光資源をただ「消費」するのではなく，観光客，観光事業者，地域住民の3者を含む社会や地球環境全体の長期的な利益を視野に入れ，そのために3者がそれぞれの役割を果たすことが求められている．持続可能な観光については，九州においても2000年代ごろから様々な形で取り組みが行われているが，中でも先進的に取り組んだ地域として，安心院（大分県宇佐市）が挙げられる．自然豊かな人口約8000人の過疎のまちである安心院は，農家の副収入を増やすために，欧州での取組を参考に，1990年代後半から全国に先駆け「農村民泊」を始めたことで知られている．農家に宿泊し，農作業などの体験を通じて地元住民と交流を図るという，この地域でしかできない体験が人気を呼び，国内外から農村民泊を受け入れるに至っている．ここでは，旅行者は単なる「お客様」ではなく，農家の一員としての役割を果たしながらその地域に滞在するという位置づけなのである．

　また，世界遺産である屋久島（鹿児島県屋久島町）においても，持続可能な観光の実現にむけて，自然保護と観光振興の両立のための取り組みが行われている．樹齢1000年以上の屋久杉によって生み出された美しい自然景観と貴重な生態系が評価され，1993年日本初の世界自然遺産に登録された屋久島は，年間約30万人の観光客が訪れる観光地となった．登録後に急増した観光客による自然環境へ影響を懸念し，登録以来，入山規制や利用料の徴収など，訪問客に対するルールの策定，導入をめぐって試行錯誤が続けられている．この地を訪れる旅行者は，単に「お客様」として観光を楽しむだけではなく，訪問地域の環境保護にも責任をもつことが求められているのである．

　このように，旅行者と地域住民そして観光事業者が，それぞれの利益を追求しながらも，同時に立場を越えて社会全体の利益をめざして行動する観光のあり方として最も顕著な事例がボランティアツアーだろう．東日本大震災の被災地復興のため，現地でのがれき撤去や清掃などの様々なボランティア活動の必要性が高まった．これらの動きに対応し，旅行会社各社から，被災地の観光とボランティアを組み合わせた旅行商品が投入され20～40代を中心に，首都圏をはじめとして全国各地から多くの参加者を集めた．これらの背景には，被災地へのアクセスや滞在先の確保が難しい，また被災地において専門的なボランティア活動を行うにはスキルや経験がなく不安であるが，何らかの形で被災地の復興に携わりたいと考える多くの人々のニーズがあったといえる．ボランティア活動という形ではなくとも，ただその地を訪れ滞在し，物品を消費する

ことで，現地への経済的な貢献につながるという位置づけで観光活動が捉えられるようになったのである．もともと海外の途上国などで植林や井戸掘りなどのボランティア活動を目的としたツアーは以前より存在していたが，国内において，このように観光とボランティア活動を組み合わせた旅行商品という形で一般化したのは，東日本大震災がきっかけであり，2011年の「日経ヒット商品番付」にもとりあげられている．その後，日本各地における様々な災害発生時には，このようなボランティアツアーという形で多くの人々が災害発生地に訪れるという動きがみられるようになり，九州においても2012年夏の北部豪雨災害の際に，地元のNPO団体などによりボランティアツアーが催行されたり(『日本経済新聞』2012年7月21日 西部朝刊)，2016年の熊本地震の際には，岩手県より応援ボランティアツアー「けっぱれ（がんばれ）！熊本」が実施されたりしている(『日本経済新聞』2016年6月11日).

このように，現在の観光行動というものは，娯楽や消費的要素に社会的要素が加わった新たな形へと変化をみせている．つまり，旅行者にも社会的責任が求められる時代なのである．特に，大学生など若い世代において，新たな観光スタイルとして関心が高まっている．

## おわりに

本章では，九州を訪れる旅行者行動の変化を概観し，九州における観光のマーケティングのあり方について考察を行ってきた．近年，マーケティングにおいては，企業が様々なステークホルダーと協働して共に新たな価値を創造する「価値共創」[Prahalad and Ramaswamy 2004]がキーワードとなっており，消費者はただ商品を消費するだけの存在ではなく，共に商品の価値を創造するパートナーとして捉えられるようになってきた．観光の場面においても，旅行者はもはや単に地域を消費するだけの存在ではない．かつての観光行動は，旅行者は観光地で「与えられた楽しみ」を消費するという受け身の姿勢だったものから，旅行者自らが地域の良さを発掘し楽しみを選択するという主体的な行動へと変化している．このような流れの中，今後は，旅行者と地域が観光地を共に創る，まさに「価値共創」の観光へと変化していくことが予想されるのである．

## 参考文献

コトラー, P., アームストロング, G., 恩蔵直人 [2014] 『コトラー, アームストロング, 恩蔵のマーケティング原理』丸善出版.
野口智雄 [1994] 『マーケティングの基本』日本経済新聞社
前田勇 [1995] 『サービスと観光の心理学』学文社.

Baudrillard, J. [1974] La Société de Consommation : ses mythes, ses structures, Paris : Gallimard(今村仁司訳『消費社会の神話と構造』紀伊國屋書店, 1979年).
Levitt, T. [1960] "Marketing Myopia," *Harvard Business Review*, July-August, pp.44-56.
Prahalad, C.K. and Ramaswamy, V. [2004] *The Future of Competition : Co-creating Unique Value with Customers*, Boston, Mass : Harvard Business School Press(有賀裕子訳『価値共創の未来へ――顧客と企業のCo-Creation――』武田ランダムハウスジャパン, 2004年).

<ウェブサイト>
自動車検査登録情報協会 [2015] 「自動車保有台数の推移」『自動車検査登録情報協会ホームページ』(https://airia.or.jp/publish/statistics/ub83el00000000wo-att/hoyuudaisuusui.pdf, 2015年4月1日閲覧).
みやざき観光コンベンション協会 [2011] 「観光客の動向」, 『みやざき観光情報旬ナビ』(http://www.kanko-miyazaki.jp/convention/kankokyokai/documents/17doukou.pdf, 2015年3月1日閲覧).
宮崎県観光推進課 [2013] 『平成25年宮崎県観光入込客統計調査結果』(http://www.pref.miyazaki.lg.jp/kanko-suishin/kanko/miryoku/documents/000229756.pdf, 2015年3月1日閲覧).

# 第8章
# ホテル経営の基礎と人的資源

◎要約

　ホテルの基本機能は，宿泊機能，飲食機能，集会機能の3つである．近年，この3つの基本機能に加え，リラクゼーション機能，文化交流機能，などが加わり多機能化している．本章では，これらの機能の進化とホテルの歴史的変遷について学び，最後にホテル経営の基礎としてホテルの製品とホテル事業の特性について利用者のニーズの拡大と社会的要請の変化の視点から概観する．

　もう1つ，観光産業における人的資源について学ぶ．宿泊業を含む観光産業で提供される商品は，「人」を通じて提供され，「人」が商品の質を決めるといっても過言ではないが，企業を持続的に発展させる原動力でもある．観光産業の特性を理解とともに人材育成の重要性について考察する．

学習の課題
1. なぜ，ホテルは多機能化し，進化してきたのか考えてください．
2. ホテルの歴史的変遷についてまとめてください．
3. ホテルの製品とは何か，ホテル事業の特性について考えてください．
4. 人的資源と物的資源並びに経済的資源の違いについて考えてください．
5. 人的資源管理と人的資源開発の違いについて考えてください．
6. 観光産業の特性と人材育成について考えてください．

**keyword**

人的資源管理，人的資源開発，モチベーション，ホテルの基本機能，ホテルの歴史的変遷，ホテルの製品，ホテル事業の特性

# *1* ホテル経営の基礎

　これまで，家族旅行や修学旅行などで旅館やホテルに宿泊した経験はあると思う．また，祖父母とホテルのレストランで食事をしたり，親戚の結婚式などでホテルを訪れたこともある人もいるだろう．今後は仕事やプライベートの両面でホテルを利用する機会は必然的に訪れるだろう．ここでは，ホテルとは何か，ホテルの歴史的変遷，次にホテル経営の基礎について学ぶ．

### 1　ホテルとは何か

　ホテルとは，法律「旅館業法」では，「様式の構造及び設備を有する施設で，宿泊料を受けて，人を宿泊させる営業」と定義されている．

　皆さんが"ホテル"と聞いてまず"泊まるところ"と連想するだろう．ここでホテルの機能について考えることとする．旅や仕事で疲れた身体を安全で静かな客室で休めることで明日へのエネルギーを補給するための宿泊機能がある．次に，レストランで食事をしたり，コーヒーショップでコーヒーを飲んだり，デザートを食べたり，バーやラウンジでお酒を飲むなどの飲食機能がある．飲食機能は，宿泊と伴う場合もあるが，宿泊を伴わないで近隣などから飲食だけを利用する場合もある．次に，ホテルの施設には客室とレストランなどの飲食施設のほかに宴会場を保有するホテルも多い．ホテルの宴会場を使用して，結婚式や会社の設立などを記念して行われるパーティーや新商品の展示会などたくさんの人が集まる集会機能があり，これら3つがホテルの基本機能である．

　昨今，この3つの基本機能に加え，ホテル内のスパなどで疲れた体と心を癒すリラクゼーション機能，プールやジムなどでトレーニングやヨガなどを行うスポーツ・健康管理機能，宴会場などで行われるイベントや講演会などの文化交流機能や地域振興機能など利用者のニーズの拡大と社会的要請により多機能化しており，ホテルはただ単に"泊まるところ"から様々なことを体験し，楽しむ施設へと進化している．

　次にホテルの分類についてみていきたい．皆さんが実際にイメージするホテルとはどんなホテルだろう．ある人は都心にある大きな建物で豪華なロビーがあり，ゆったりとした広い客室とホテル内には各国のレストランがたくさんあり，結婚式場やチャペルなどあるホテルを思い描き，ある人は，ただベッドだ

けがある狭い客室で小さなラウンジがある地方都市の駅前にあるホテルを思い浮かべ，ある人は，海外のリゾート地で，プールサイドでゆっくりと本を読んだりビーチで遊んだりできる海辺のホテルを想像する人もいるだろう．ホテルは，機能別，立地別，価格別，利用形態別に分類できる．まず，機能別については，先ほどホテルの基本的機能として宿泊，飲食，集会機能の3つ挙げたが，この3つの基本機能並びにリラクゼーション機能やスポーツ・健康管理機能などを備えた多機能型ホテルのことを「フルサービス・ホテル」といい，宿泊機能だけを備えた単機能型ホテルを「リミテッド・サービスホテル」という．

次に立地別分類として，都心に立地するホテルを「アーバンホテル」，リゾート地や避暑地にあるホテルを「リゾートホテル」という．空港にあるのは，「エアポートホテル」，鉄道の駅にあるのは「ターミナルホテル」という．また，日本には少ないが，アメリカでは，多く見られる高速道路にある「ハイウェイホテル」もある．次に，消費者がホテルを選ぶ際に最も重視するのが価格である．価格別では，サービスのグレードと価格は比例しており，最高級ホテルを「ラグジュアリー」，高級ホテルを「アップスケール」，中間価格帯のホテルを「ミッドプライス」，リーズナブルなホテルを「エコノミー」，低価格帯のホテルを「バジェット」の5つに分類しており，特に海外では，価格別分類を星の数で表現し，低価格帯をワンスターとして価格が上がるにつれて星の数が増えていき，最高級ホテルはファイブスターと呼ぶ．これは国際基準であり，どの国においても星の数とホテルのグレードは共通認識とされている．最後に利用形態別では，ビジネスの目的で利用するホテルは，日本ではビジネスホテルというがこれは日本独自の呼び方で国際的には「コマーシャルホテル」と呼ぶ．見本市や国際会議などで利用するホテルを「コンベンションホテル」，長期滞在を目的とした「コンドミニアム」などがある．

このように，ホテルは機能，価格，立地などによって分類され，様々な形態のホテルが存在する．

## 2　ホテルの歴史的変遷

ホテルの歴史的変遷について簡潔に見ていく．宿泊施設の歴史は，古代ギリシャ・ローマ時代にさかのぼり，大きく分けると2つの宿泊施設が存在した．1つは国家の王や使節などの要人をもてなす迎賓館要素を備えた豪華な施設と，もう1つは商人や巡礼者などを収容した教会や修道院などの宗教施設にお

ける簡易な施設である．

　迎賓館的要素を備えた豪華な施設は，やがて18世紀のヨーロッパの絶対王権による王侯貴族などの特権階級の社交場や保養施設として国内および植民地に次々と建設され，18世紀末にはじめてフランスで「ホテル」という名称が使われ，「グランドホテル」と呼ばれる一般の人々が利用できない一部の特権階級や富裕層だけの豪華な宿泊施設となり，それが現代のラグジュアリーホテルの元となっている．

　一方で，商人や巡礼者たちの宗教施設は，その後商人や巡礼者たちの増加により無償で施設を維持することが困難となり，14世紀中ごろには，有償で宿泊施設を提供する「インInn」と呼ばれる小規模の宿がイギリスで発達していく．その後18世紀末産業革命により，交通機関が発達し，商業の発展とともに人の移動が活発化することで都市部に大規模な宿泊施設の需要が生まれることとなる．20世紀になるとアメリカ産業の飛躍的な発展により，ビジネス需要の高まりとともに中産階級が余暇を楽しむための観光旅行が増加し，「コマーシャルホテル」と呼ばれる一般大衆が，快適で清潔で適正な価格で利用できる宿泊施設が誕生し，全世界に広がっていく．これが現代のビジネスホテルと元となっている．

　日本の歴史については，海外と同様に宿泊施設は，宗教施設から始まり，江戸時代には武士などの特権階級の「本陣」と一般庶民が利用した「旅籠」があった．明治時代になって現在の「旅館」として発達していくこととなる．ホテルという宿泊形態は，江戸幕府から明治政府となり，鎖国政策を放棄し開国したことで外国人が商用などで来日し，外国人の宿泊施設として外国人居留地にホテルが作られたのが始まりである．その後明治政府が海外の使節や国賓を迎えるために1890年日本初の国際ホテル「帝国ホテル」を開業した．

　その後，経済の発展と生活の洋風化によって一般の人々も利用できる「第一ホテル」が1938年に東京新橋に開業した．このホテルはビジネス客をターゲットとし低料金で近代的なホテルマネジメントを導入し，現代のホテル経営に多大な影響を与えている．

　その後太平洋戦争により約35％の宿泊施設が消滅し，戦後の経済の低迷と混乱により，ホテル産業のみならず日本全体が暗黒の時代となった．1960年代に経済復興の象徴として東京オリンピックが開催され，それに伴うホテル建設ブームとなり，1970年の大阪万国博覧会，1972年の札幌冬季オリンピック，

1975年の沖縄海洋博などの国家的イベントの受け皿として，また高度経済成長によるビジネス需要の拡大並びに生活水準の上昇により旅行需要の拡大さらに交通手段の発達による大量輸送時代の到来などの追い風などもあり，ホテル建設が加速度的に進んだ．その後，バブル経済の崩壊による経済不況のあおりを受け，ホテル業界も衰退期を迎え，失われた10年と言われた平成不況の中で倒産や吸収などにより，ホテル業界の再編が進んだ．そして21世紀になり，アベノミクスにより経済不況から脱却すると共にホテル業界も息を吹き返し，現在は訪日外国人の増加の影響でホテル不足に陥る事態となり，2020年の東京オリンピック・パラリンピックに向けてホテル建設が急ピッチで進んでいる．これまでの歴史を振り返るとホテルは経済の好況の影響を受けやすい業態であることがわかる．

### 3　ホテルの製品とホテル事業の特性

ここでは，ホテル経営の基礎としてホテルの製品とホテル事業の特性について学ぶ．

ホテル産業によって提供される製品は，Dunning and McQueen [1981] によれば，以下の3つがあげられる．

　①宿泊・食事の提供……安全で快適な設備の完備した部屋，衛生的で雰囲気のある食事

　②付加価値的なサービス……宿泊並びに飲食に付随するサービス並びに送迎，観光案内，ツアー手配，コンサートやレストランの予約，各種代行サービス

　③品質の保証……ブランドイメージとしてある一定施設水準とサービスの質を保証するもの，安心感

ホテルの製品は，サービスを提供されると同時に消費するというサービスの特性である同時性により，泊まって初めてその品質がわかるため事前の品質の保証であるブランドが最も重要となる．

次にホテル事業の特性をみていきたい．

第1に，ホテル産業は装置産業であり，建物自体が重要な商品となるため，立地や機能が重要となる．ビジネス街・駅・空港など宿泊需要に近接した場所で場所に適した機能を備えておく必要がある．また，建物や施設のキャパシティからサービスの供給量が決まっており，供給空間制約も特性となる．第2に，

誘客主体となる．施設は持ち運びが出来ないため，ゲストに来て頂いてはじめてビジネスが成立する．そのため，人が集まる場所や話題のスポットが近隣にあるなどが必要条件となる．第3に，商品の非貯蔵性である．ホテルの商品は空間と時間を販売しているため，在庫ができない．そのため，需要予測の精緻化が必要となる．第4に，ホテルは専門サービスの集合体によって成り立っている．ホテルの業務はフロント，レストラン，バーなどそれぞれ専門知識とサービス技術が要求される．また利用者の目的や嗜好に応じた高度な判断が求められるため，それらは長年の経験によって醸成される．第5に，ホテルの施設は，経年劣化が避けられない．施設は時間と共に商品力が低下するため，補修や修繕などによるコストが継続的に発生する．最後は，関連事業者が多いことである．ホテルは宿泊・飲食・宴会などをほぼ24時間，年中無休で行っており，それに伴う清掃，設備メンテナンスや家具，食器などの備品，生鮮食料品などの食材，飲料，結婚式に使用する花，音響，写真，美容室や施設内の売店，クリーニング，などの関連業者に支えられて営業を行っている．

### 4　ホテル研究の可能性

　ここでは，ホテルとは何か，ホテルの歴史的変遷，次にホテル経営の基礎について学んだ．今までホテルとは泊まるところと思っていた人もホテルの機能や分類を知ることでたくさんの機能と様々なホテルが存在していることを認識したと思う．次にホテルがどのようにして発生し，どのように進化して現在に至ったかを概観することでホテルのみならず宿泊産業全般に対する興味を持ったのではないだろうか．さらにホテル経営の基礎としてホテルの製品とホテル業の特性を学びマネジメントに対する関心も深まったことと思う．

　今回紹介したのは，ホテル経営に関するほんの一部に過ぎず，ホテルではどのような仕事があり，24時間ホテルがどのように動いているかというホテルの運営に関することやさらにホテルの収益構造やホテルのグローバル戦略，ホテルの広告宣伝などのマーケティングやホテルの人材育成，新しいホテルを一から作っていくプロジェクトやホテル再生ビジネスなどホテルに関する学問分野は多岐にわたる．いま，世界の中で日本独自のサービススタイルである「おもてなし」が注目され，製造業において安くて高品質という日本の強みがサービス分野でも世界で認められつつある．現にエコノミーホテルでは日本のホテルが東南アジアを中心に進出し，今後はヨーロッパやアメリカにも進出していく

と思われる.

　このようにホテル市場は動態的な市場であり，実証研究においては日本のホテル研究は始まったばかりであり，今後のさらなる研究の進展が望まれる.

## 2　観光産業における人的資源

　人が生きていくうえで，学校やクラブ活動や会社など様々な組織（チーム）に必ず所属することとなる．それぞれの組織（チーム）の中では，人々が効率よく目的を達成するための仕組みが必要となる．その仕組みが人的資源管理である．
　次に，組織（チーム）の目的を達成し，さらに持続的に発展させるためには，各々メンバーを育てていかなければならない．人は勝手に育たないので，個々の性格や能力に応じた教育やアプローチの方法が必要となる．その方法が人的資源開発である．ここでは，人的資源管理と人的資源開発の基礎を学び，観光産業を他の産業と比較しその特性を理解した上で，観光産業において活躍する人材を育成する上で必要な知識を習得する．

### 1　人的資源とは
　皆さんは,資源という言葉を聞いて何を連想するだろうか．ほとんどの人は，石油，天然ガスなどの天然資源を思い浮かべる人は多いと思うが，天然資源は他にも森林資源や水産資源や観光資源などがあり，それらを物的資源という．資源は他にも労働力，土地，原材料などの経済上における生産資源として経済的資源がある．そしてもう1つは創造性や技術力など人間が持つ生産能力を資源に含めて人的資源がある．つまり,われわれ人間も貴重な資源の1つである．現に人間は今までの歴史の中で様々な失敗を糧として工夫をすることで過酷な自然を乗り越え，不可能を可能にして発展し，現代の生活を築いた．これらの3つの資源においては，物的資源と経済的資源は量や質に限りがあり有限であるが，人的資源は今までの人類の発展過程を見ても分かるとおり，無限の可能性を秘めている．

### 2　人的資源管理の基礎
　ここからは，企業組織の経営との関係で考えていく．

企業は，ヒト・モノ・カネ・情報から成り立っている．この4つの生産要素をうまく組み合わせ，事業活動を効率的に行い，さらにはその時々の市場状況にあわせて事業活動を行っていくのが経営活動である．そして，企業は常に市場競争にさらされていてその競争に打ち勝って存続させることが使命である．

　企業の構成要素であるヒトは，それぞれに人格や感情を持った行動主体であり，企業にとって労働力である以前に「人間」である．人は，機械と違って同じ条件の下でもその時々の精神状態や環境によってその成果にばらつきが生じる．企業の目標に向かって人や組織を効率的に管理する仕組みが人的資源管理である．

　人的資源管理は，大きく分けると人事情報管理，雇用管理・労働条件管理・報酬管理・労使関係管理となる．

　人事情報管理は，人的資源管理全般に貴重な人事情報を提供するものであり，近年はコンピューターにより一元的に管理されることで，人的資源管理のみならず，生産管理，販売管理，財務管理などの経営管理に活用されている．人事情報は，大きく分けて職務に関する情報と人的資源に関する情報の2つがある．前者には，職務分析による職務評価，職務記述書，職務明細書があり，後者は，人事考課，職業適性検査，履歴書，資格などが含まれる．

　雇用管理は，労働力の確保・調整する活動である．企業は外部より目的遂行に必要な人員を，募集・選考して，適性に応じて職場に配置する．または，外部のみならず企業内の他の職場から異動として調達することもある．さらに，昇進・昇格といった役職や資格の上昇に伴う人員の変化や退職や病気等による休職など対する補充にも対応して労働力を一定に保たなければならない．

　労働条件管理は，従業員にとって労働条件は仕事，家庭など生活に大きな影響を及ぼす重要なものである．労働時間，休憩時間，休日，時間外勤務，交代制勤務など管理の対象は多岐にわたる．次に福利厚生と呼ばれる企業の費用負担又は支援によって運営される福祉政策の事である．社宅や住宅補助，医療負担，食事補助や通勤費負担など企業によって様々である．あと，職場の照度，温度，騒音などの安全や健康診断やストレス軽減など衛生にかかわるものも含まれる．

　報酬管理は，労働者にとって労働の対価としての賃金は生活を支えるうえで最も重要なものである．企業側は，人事情報管理によって従業員の勤務態度や生産性など人事考課を行う．人事考課は概ね報酬と連動しており，仕事に対す

るモチベーションにも大きく影響し，それが企業全体の業績へとつながっていく．一方，企業経営においては人件費を適正に管理することは企業活動を維持・発展させるうえでも重要なものである．よって，評価並びに報酬を明確な基準の下で公平かつ公正に運用することが求められる．

　労使関係管理は，労働者と経営者との関係を管理することである．労働者と経営者の利害が一致しない場合は労働争議に発展し，対立することがある．そこで，交渉や協議によって双方の妥協点を見つけることで共存共栄をはかるための仕組みを構築することである．

### 3　人的資源開発の基礎

　ヒト・モノ・金・情報の4つの経営資源においてモノ・金・情報は，人によって調達され加工されて初めて価値を生み出す．したがって経営活動において主体的な役割を果たすのは人である．従業員にとって仕事における能力や技能が向上することで人間的にも成長し，社会においてさらに活躍する機会が広がる．企業にとって従業員の能力や技能が向上することで組織全体の生産性が上がり，企業発展の原動力となる．つまり，人材の育成が従業員と企業の両方にメリットをもたらす．このように人材の能力並びに技能を企業戦略と連動させて開発していくことが人的資源開発である．人的資源開発には，労働意欲開発，教育訓練開発，キャリア開発などがある．

　人間は感情の動物であり，自己の感情や他人の言動によって意欲が出たり，外的環境により，意欲が低下したりと複雑性を持つ．つまり企業は，従業員の労働意欲によって労働の成果は左右され，それが企業全体へと波及するため，労働意欲管理は重要な役割を担っている．また，組織のリーダーの行動や意識が組織全体に大きく影響を与える場合もある．労働意欲開発においては，様々な研究者が実験や研究を行うことで数多くの理論が構築されている．

　教育訓練開発は，人間の能力や技能は，個々の能力に応じた適正な教育や訓練をすることで向上する．教育訓練の目的は，「職務知識と技術の啓発」「情報の伝達」「態度の調整」の3つがあげられる．教育訓練は企業内で行われるものと企業の外で行われるものあり，また，すぐに役立つ能力もあれば，時間をおいて開花する能力もある．知識や技術の習熟度や年齢や役職などによっても個々の教育訓練が必要となり，その分野は多岐に亘る．

　キャリア開発は，従来日本では，企業が主体となって従業員のキャリア形成

を行ってきた．しかし，90年代以降はキャリアを自分自身のかけがえのないものとして，また自己責任を負うものとして，キャリアを開発していく主体は組織ではなくあくまでも個人であるという欧米の考え方や価値観が注目されてきた．そして今や「個人の選択と組織の選抜の調和」がキャリア開発のテーマとなって「自分自身のキャリアは自らがデザインする」という意識が必要となってきた．

### 4 観光産業の人的資源管理並びに人的資源開発の必要性

ホテルや旅行会社などの観光産業は他の産業と比べてどこに違いがあるのか考えてみたい．メーカーなどの製造業でつくられる商品は，顧客が目で見て触って使い心地を経験することで購入に至る．購入後は繰り返し使用することが出来て別の人が使用しても品質は一定である．つまり製品自体の品質が重要な要因となる．一方で観光産業が提供する商品は，サービスであり，サービスは人によって提供される．サービスの特性（無形性，非貯蔵性，同時性，異質性）が示す通り，商品を目で見たり，触れたりできないし，その場で消費されるため持ち帰ることもできない．また，提供する人によっても品質が変化する．

言い換えれば，観光産業の提供する商品は「人」（人的資源）といっても過言ではない．

よって観光産業においては，人的資源を効率的に管理し，開発することが最も重要となる．

人的資源管理では，人が商品であるため対人能力の高い人材を雇用する必要があり，ホテルや旅行会社は年中無休で特に一般の人が休む日曜日や夏休みやお正月が最も繁忙期となる．そのため休日や勤務時間などを固定することが出来ず交代制勤務など変則的に組み合わせていかなければならない．また，仕事の評価については一般的には上司が評価を行うが，観光産業においては顧客の評判なども考慮すべきであり，より多面的な視点で評価する必要がある．

人的資源開発では，観光産業で働くホテルマンやツアープランナーなどは，顧客の様々な要求に対して迅速に対処しなければならない．瞬時にゲストのニーズを見抜きそれに対して様々な選択肢を顧客に提示し，顧客の欲求を満たすことで顧客満足に繋げなければならない．これらのほとんどは暗黙知であり，豊富な経験によって蓄積されていくため短時間で取得することは不可能である．

これらの特性から，観光産業はその特性に応じた独自の人的資源管理並びに人的資源開発が必要である．

## 参考文献

奥林康司編［2007］『入門人的資源管理』中央経済社．
佐野陽子［2007］『はじめての人的資源マネジメント』有斐閣．
鈴木博・大庭祺一郎［1999］『ホテル経営読本』柴田書店．
徳江順一郎［2013］『ホテル経営概論』同文舘出版．
仲谷秀一・杉原淳子・森重喜三雄［2009］『ホテル・ビジネス・ブック』産学社．
日本ホテル研究会［1993］『ホテル事業の仕組みと運営』柴田書店．
花岡正夫［2003］『人的資源管理論』白桃書房．
福澤秀弘［2009］『人材開発マネジメントブック』日本経済新聞出版社．

# 第9章
## 旅行業の仕組みと取り巻く環境の変化

◎要約　人々の余暇活動と日本の観光産業の発展を支えてきた旅行業は，日本の社会が直面する国際化の進展，地方創生・人口減少社会の到来，情報通信技術の発展により，従来のビジネスの仕組みからの変革期にある．本章では，まず旅行業の仕組みについて産業分類や提供する旅行商品・サービスの特徴をみることにより，生活関連サービス業に位置付けられる旅行業が提供する本質的な価値は「情報」であることを理解する．次に，旅行業を取り巻く環境を把握した上で，旅行業の経営動向と課題をみていく．具体的には，①国際化社会への対応に向けたインバウンド旅行の受入環境整備やグローバル経営，ツーウェイ・ツーリズムの推進，②地方創生・人口減少社会への対応に向けた国内旅行の振興と地域密着型旅行業の創設，地域の課題解決事業への事業領域拡大，③情報通信技術の発展へ対応したオンライン旅行販売の拡大や店舗のあり方について九州の取り組み事例も含めてみていくことにより，現在そして将来の「観光」を読み解いていく．

### 学習の課題
1. 旅行業を取り巻く3つの環境の変化についてまとめなさい．
2. インターネットの普及により，旅行業者の店舗はどのように変化するのでしょうか．考えを述べなさい．
3. 地方創生において旅行業が果たす役割や可能性について考えを述べなさい．

**keyword**
旅行業，生活関連サービス業，訪日外国人旅行，ニューツーリズム，地方創生，オンライン旅行販売，ランドオペレーター，ツーウェイ・ツーリズム，JTB，HIS

## はじめに

「観光」という言葉を連想すると余暇時間における楽しみを目的とした「旅行」をイメージする人が多いのではないだろうか．観光学で学ぶ「観光」という現象は，わたしたちの生活の上では「旅行」という行動で具体的に現れるともいえるだろう．こうした旅行には，交通機関である航空，鉄道，船舶，バスや宿泊施設である旅館・ホテルなど旅行の素材を提供する観光関連産業（以下，サプライヤーという）の安全で快適なサービスが必要であり，その情報が旅行者に認知されることが必要となる．今では，インターネットの普及により旅行者からの口コミ情報を参考にサプライヤーが提供するサービスを24時間いつでもどこからでも直接購入することが可能となった．しかし，インターネットが普及する前の時代は，旅行に関する情報の入手が容易ではなく，人々の旅行経験も少なかったため，旅行者からの相談を受けサプライヤーとの仲介を行う旅行業が成長・発展してきたのである．

日本の近代旅行業が誕生してから約100年が経過したが，旅行需要の増大に伴い大量かつ効率的に旅行サービスを提供するためのパッケージツアーの開発や予約システムの開発など，旅行業は社会の変化と共に新たなサービスを生み出しながら人々の余暇活動と日本の観光産業の発展を支えてきた．しかし，日本の社会が直面する国際化の進展，地方創生・人口減少社会の到来，情報技術の発展により，旅行業は従来のビジネスの仕組みからの変革期にある．本章では，旅行業の仕組みと旅行業を取り巻く環境を把握した上で，変容する旅行業の動向から現在そして将来の「観光」を読み解いていこう．

## 1 旅行業の仕組み

### 1 事例からみる旅行業

まずは，九州産業大学が実施した研修旅行を事例に，旅行業の仕組みを確認してみよう（図9-1）．この研修旅行のテーマは「観光立国の先進地であるスイス・フランスの視察」であり，以下の手順で旅行を計画した．まずは，研修学生自身による訪問先の検討である．①各国の観光地，観光資源，通貨，時差，言語，治安という現地情報を収集し，②その中から訪問の目玉となる観光地を

選定した上で，③観光地間の移動を時間の無駄がないよう周遊するためのルートを検討した．その後，④旅行業者へ旅行代金の見積もりと旅行全体の監修や視察先の企画を依頼し，⑤提出された予算と日程の再検討を行い，⑥旅行業者へ申込み（旅行契約）を行った．今回の契約は，大学側からの依頼に基づき旅行を計画，手配，実施するものであり，受注型企画旅行契約という．一方で，契約を請けた旅行業者は①航空券や②旅行に同行する添乗員（旅程管理者）の手配を行い，さらに③ホテル，バス・ガイド，鉄道，レストラン，美術館（団体優先入場），視察先などの手配は，現地に事務所があるランドオペレーター（旅行素材の手配会社）を通じて行った．旅行業者では海外旅行先の旅行素材の手配を行う際に，業務の効率化と旅行の質を高めるために現地に詳しい提携先のランドオペレーターを活用することが一般的である．

　ここで，旅行業者に依頼したメリットを考えてみよう．1つは，ワンストップ・サービス機能である．旅行業者を窓口に依頼すれば，旅行素材を全て自前で手配する手間を大きく省くことができる．もう1つは，安全・安心感の提供である．不慣れな国・地域を団体旅行で周遊する場合，交通機関の遅延・運休，トラブルへの遭遇など可能性はゼロではない．また，利用する現地のホテル，バスやガイド，レストランの安全性やサービスの質は判りにくいため，信頼のおける旅行業者が選択するサプライヤーであれば，安心感につながるのである．一方で，旅行業者側は旅行の計画，手配，実施やサプライヤーへの送客により報酬を得ることができると同時に人々の交流を橋渡しすることで現地の観光産業に対する貢献にもつながるのである．

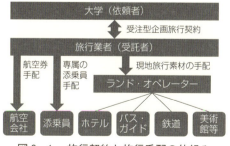

図9-1　旅行契約と旅行手配の仕組み

## 2　産業分類からみる旅行業

　こうした旅行業は，旅行業法という法律によって規定されている．旅行業法によると，旅行業とは報酬を得て「運送・宿泊等サービス」を消費者に提供する行為とされている．サプライヤーが提供するサービスを仲介し，またはサービスを自在に組み合わせて旅行商品をつくり，それを販売し，旅行相談に応ずることを生業とするのが旅行業者である．では，観光関連産業の中で旅行業は他の業界とどのように違うのだろうか．その違いや特徴をみるには，日本標準産業分類が１つの参考となる．日本標準産業分類とは，「同種の経済活動（財又はサービスの生産と供給）を営む事業所の総合体」であり，主に経済関連の統計結果を表示するために用いられる分類である．旅行業は「生活関連サービス業，娯楽業」（大分類）に分類されるが，これは「個人の日常生活に関連して技能・技術を提供」する事業や「娯楽や余暇利用に係る施設及び技能・技術を提供」する事業であり，例えば，美容室・理容室や映画館，フィットネスクラブ，遊園地が挙げられる．その中でも，旅行業は冠婚葬祭業や家事サービス，結婚相談業と同じ「その他生活関連サービス業」（中分類）に分類されている．一方で，観光関連産業であっても，鉄道業や航空業は運送機関を保有し自ら運送サービスを提供する運輸業（大分類）であり，ホテルや旅館は建物を保有もしくは運営し宿泊サービスを提供する宿泊業，飲食サービス業（大分類）に位置付けられている（図9-2）．

　旅行業は交通機関や宿泊施設を保有し経営するのではなく，サプライヤーのサービスを利用する権利（有体財の利用権という）を用い，人々の生活の一部である旅行・余暇活動へサービスを提供している．だが，国内の一部の大手旅行業者においては，自社のグループ会社によりホテルや交通機関，テーマパークを経営する多角化が図られている点に留意しておく必要がある．また，世界に目を向けると，世界最大級（オンライン専業を除く）の旅行業者であるドイツのトゥイ（TUI）グループは，1600の旅行代理店を保有するだけではなく，航空会社６社が航空機150機を保有し，300以上のホテル，クルーズ会社３社を経営している例もある．このように旅行業者が旅行に必要な素材を自ら経営する「垂直統合」を行うことにより，規模の経済が働き旅行費用が軽減されることで，インターネットによるサプライヤー直販へ対抗することやグローバルに事業を展開することが可能となっている．一方で，元来旅行業は鉄道や航空輸送の発達により起業された事業であることから，多くの運輸業のグループ会社において

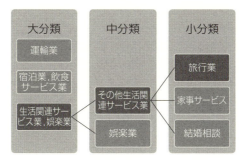

図9-2　日本標準産業分類における旅行業の位置付け

(出所) 日本標準産業分類より作成.

も旅行業が経営されていることも留意しておく必要がある．

### 3　旅行業は情報産業

　こうした生活関連サービス業である旅行業者は，「コト消費」志向の高まりとともに多様化する旅行者の旅行目的を達成させるために，サプライヤーの旅行素材を利用する権利を絶妙に組み合せることで付加価値の高い旅行商品をつくり募集・販売している（募集型企画旅行という）（図9-3）．その付加価値とは満足度であり，旅行者が個人で旅行を計画・手配するよりも高い利便性や快適性，費用対効果，安心感，旅行前・旅行中の旅行業者のスタッフによる人的サービスが挙げられる．このような旅行商品は旅行業者が募集する旅行パンフレットや新聞広告，ホームページ上に掲載されているが，例えばスマートフォンを購入する時のように手に取って調べたり，操作したりすることはできない（無形性）．旅行出発前はあくまでも紙面上やインターネットのサイト上にある日程表や写真，旅行代金などの情報であり，旅行が終了して初めて商品が完成する．また，売れ残った旅行商品は，在庫として倉庫に保管できるものでもなく（消滅性），季節によって求められる旅行商品は変わる（季節性）．こうしてみると旅行業者が取り扱う商品やサービスの本質的価値は「情報」であり，その質や選択自由度の高さ，便利な提供手法に価値があると捉えることができる．逆にいえば，「旅行業は情報産業」[佐藤 1997]とも言い換えることができるからこそインターネットの影響を受けやすいともいえる．

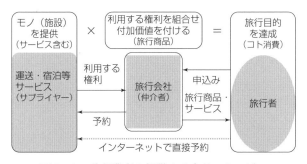

図9-3　旅行業者の提供する商品・サービス

### 4　旅行形態からみる旅行業

　旅行業者が取り扱う旅行の種類は，大きく国内旅行，海外旅行，外人（訪日外国人）旅行に区分される．さらに，大手旅行業者の組織を旅行形態で区分すると，個人や小グループによる旅行を取り扱う個人旅行部門，企業や学校，各種組織団体による旅行を取り扱う法人旅行部門，訪日外国人旅行を取り扱うインバウンド部門に区分できる．個人旅行部門は，主に店舗やwebサイト，コールセンターを通じて，旅行業者が企画するパッケージツアー商品の販売や旅館・ホテルの手配などの業務を行っている．また，クルーズ旅行や国内外のウエディング旅行のように専門特化した店舗や担当者を設置し，より付加価値の高いサービスを提供している（図9-4）．

　法人旅行部門は，営業担当者が顧客側へ出向き旅行の取引が行われるが，一般企業では職場旅行や業務旅行，視察旅行，報奨旅行，イベントや会議開催に関する手配，学校では修学旅行や海外ホームステイ，合宿，部活の遠征などの需要がある．また，行政・自治体では，一般企業の需要に加え，姉妹都市交流や観光客誘致のためのプロモーション活動，地域の新たな魅力を掘り起こすニューツーリズムの開発などの取り組みが盛んである．組織団体では例えばスポーツ団体が主催する国内外大会の運営サポートがあり，宗教団体では本山への団参旅行の需要がある．インバウンド部門は，webサイトによる国内宿泊の手配や多言語での観光バスツアー，海外の旅行業者から委託を受けて国内の旅行素材手配を行うランドオペレーター業務，そして大手旅行業者では海外拠点での訪日旅行の販売などに取り組んでいる．このように旅行業者の取り扱う旅

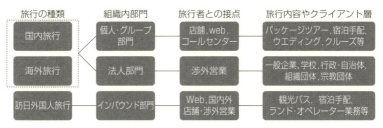

図9-4 旅行業者の取り扱う旅行の種類と旅行形態

行は多岐にわたっており，それぞれの業者の強みを活かしながら事業展開しているのである．

## 2 旅行業を取り巻く環境

### 1 国際化社会の進展

「旅行業は平和産業」とも言われるように，旅行は世の中が平和であって初めて成り立つ．また，旅行に行くには可処分所得が必要であり，世の中の景気にも左右される．世界観光機関（UNWTO）によると，2015年の国際観光客到着数（1泊以上の訪問客）は，11億8600万人となり，前年比5％の勢いで増加している．また，国際観光客到着数は，2030年には18億人に達する見込みであり，中でも経済成長が著しいアジア・太平洋地区の伸びが予測されている．地球規模でヒト・モノ・カネが動く時代は，旅行業から見ると大きなビジネスチャンスである．

一方で，国際化の進展は，天災地変，地域紛争，テロの勃発，検疫感染症の発生，世界経済情勢の急激な変化に影響されるリスクがある．旅行業者は外務省が発信する海外渡航危険情報を1つの判断基準としながら，安全・安心の旅行へ向けた危機管理意識を高めているが，こうしたリスクは突発的で予測や抑制が難しい側面があるため，リスクに対する旅行業者の適切な予防と発生時の対応が求められる．

さらに，国内に目を向けると，訪日外国人旅行者（インバウンド旅行）が大幅に増加している．2015年には1973万人と日本人海外旅行者数（アウトバウンド旅行）1623万人を逆転し，さらに，2017年には2869万人が来日し過去最高を記録して

いる．日本政府は2020年に4000万人の目標達成を目指しているが，現在のところ日本の旅行業者はインバウンド旅行を十分取り込めているとは言い難く，実際に日本の旅行業者大手50社の2016年の売上高に占める訪日外国人旅行は3.7％しかない．この理由は，日本人の旅行需要を中心とした事業展開を行っていることもあるが，インバウンド旅行の取り扱いにおいては海外から日本に進出する旅行業者・ランドオペレーターとの競争や海外のオンライン旅行業者の成長と日本市場への参入が挙げられる．

### 2　地方創生・人口減少社会

次に，日本社会に目を向けると，高齢者増加・人口減少による地方都市の活力低下の問題がある．定住人口の減少が避けられない現在の社会状況においては，観光振興による交流人口拡大への期待が高く，日本各地で地域固有の資源を活用しながら地域の魅力を高め，旅行客を誘致し滞在させる仕組みづくりに取り組んでいる．2000年代初頭から顕著に現れたこうした動きはニューツーリズムと言われ，テーマ性が強く，体験型・交流型の要素を取り入れた新しい形態の旅行を指す．国内では，ニューツーリズムは2007年6月の観光立国推進基本計画で定義され，長期滞在型観光，エコツーリズム，グリーンツーリズム，文化観光，産業観光，ヘルスツーリズム，スポーツツーリズムなどがあげられている．その振興役として旅行者（市場側）と観光地（地域側）をつなぐ役割を持つ旅行業に期待がある．

一方で，高齢化社会においては，これまで旅行需要が盛んであった熟年世代が加齢とともに旅行に対する意識が低下し，旅行の取り止めや旅行スタイルが変化していくことが予測できるため，高齢者や体が不自由な方にも優しい旅行サービスの提供が求められている．こうした背景から，交流人口拡大による地方創生に向けた今後の旅行需要の担い手として若者や外国人旅行者に期待がある．世界的には若者旅行は巨大市場だと認識されているが，日本では「若者の旅行離れ」が指摘されている状況であり，若者の旅行需要促進へ向けた政策が徐々にではあるが動きつつある．

### 3　情報通信技術の進展

インターネットの普及はわたしたちの生活を便利にし，消費行動も大きく変えた．経済産業省の調査によると日本の電子商取引市場規模の推計（企業と消

費者間の取引のみ）は，2016年で15兆1358億円であり，2010年の7兆7880億円からすると6年間で約2倍に拡大している．中でも旅行サービス市場は，旅行業者への申し込みや国内外の航空機利用，鉄道やバス，旅館・ホテルの利用から構成されるが，その市場規模は3兆393億円（全体構成比20.0%）であり，衣類，食品，家電など他の調査項目と比較して最大の結果となった（図9-5）．その要因として，オンライン専業旅行業者の数や取扱規模が拡大したこと，航空予約の多くがインターネットを通じて行われるようになったことが指摘されているが，そもそも日用品や買回り品に比べて旅行の費用単価が高いことや旅行サービスにおいてオンライン販売が浸透していることが考えられる．

インターネット普及前の旅行業のビジネスの仕組みは，お客様と旅行業者の情報格差（情報の非対称性：買い手と売り手が持つ財・サービスの量・質の情報に差があり不均衡な状態）が旅行業者の店舗へ来店させる誘因力であった．しかし，インターネットの普及によりその格差が減少しつつあり，人と店舗を前提とした営業手法の再構築が行われている．

また，インターネットは消費者の購買行動のみならず，サプライヤーとの関係性にも影響している．宿泊販売における宿泊業者と旅行業者の関係は，従来の在庫管理型モデルから場貸しモデルへシフトしている．在庫管理型モデルとは，契約先の宿泊施設の客室の販売権を予め旅行業者へ在庫として提供し旅行業者が優先販売できる仕組みである．一方で場貸しモデルは，旅行業者のweb

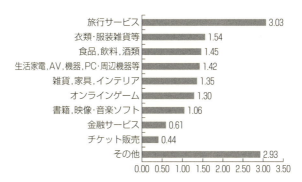

図9-5　電子商取引の市場規模の比較（企業と消費者間の取引のみ，単位：兆円）

（出所）経済産業省「平成28年度電子商取引に関する市場調査」．

サイトに宿泊業者が客室を在庫として掲載するものであり，宿泊業者側の意向で自由に客室の出し入れが可能となることから使いやすい．宿泊業者が提供する客室在庫は大手旅行業者の国内旅行販売において営業の要の１つである．よって，旅行業者の強みを活かした団体旅行の送客やより付加価値の高い個人旅行商品の企画を行うのみならず，宿泊事業者の経営改善に対して旅行業者の目線からアドバイスができるような関係づくりが求められている．

一方で，旅行業者においても情報通信技術を活用したオンライン販売やSNSでの情報発信が進んでいる．今後は海外大手オンライン旅行業者との競争やAI（人工知能），IoT（インターネット・オブ・シングス），シェア・エコノミーが人々の旅行行動に影響を及ぼすことが予測でき，旅行業のビジネスの仕組みも変革を迫られていくことになろう．

## 3　旅行業者の経営動向と課題

旅行業を取り巻く環境の変化は旅行業者にとって脅威であるが，一方で多くの旅行業者は労働集約型かつ手数料に依存した事業展開による収益力の低さが指摘されており，容易ではないものの構造的な課題を克服していく機会と捉えることもできる．旅行業の「成長」にはこれまでの旅行事業におけるサービスの質の向上が主軸となるが，一方で旅行業者の「発展」には，例えば旅行に行

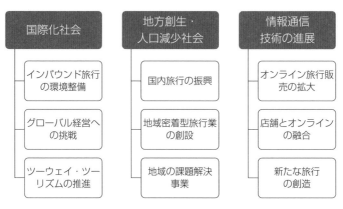

図9-6　旅行業を取り巻く環境と経営課題

く前，旅行中，旅行後に付随するサービスや観光地が抱える課題の解決，情報通信技術を活用した新たなサービス展開など事業領域を拡大していく視点も必要である．図9-6は，旅行業を取り巻く3つの環境の変化における旅行業者の経営課題についてまとめたものであるが，こうした課題に対する旅行業者の取り組み動向について九州の事例も踏まえてみていくこととする．

### 1　国際化社会への対応

#### 1）インバウンド旅行の環境整備

まずは，訪日外国人旅行者の増加により遅れていた外国人旅行者の受入環境整備の課題が挙げられるが，その1つがランドオペレーターの質の向上である．2017年の観光庁の調査によるとランドオペレーターの事業者数は1369社あり，うち旅行業に登録している事業者は786社，未登録は583社である．ランドオペレーターは旅行業者との企業間取引であることから主に消費者と旅行業者の取引法規である旅行業法の対象とならず，よって旅行業の登録を行わなくとも営業が可能であった．しかし，外国人旅行者へ対する手数料収受を目的とした土産品店への過度な案内や貸切バスの基準運賃を下回る価格での手配の実態が明らかになり，安全・安心の旅行手配が危惧される状況にあった．そこで，国は旅行業法を改正することで従来の旅行業とは別に「旅行サービス手配業」という業態を新設し，2018年1月からランドオペレーターについても行政機関への登録を義務化した．

もう1つは訪日外国人旅行者に対する旅行中のサービス開発である．JTBでは観光関連産業のみならず異業種の企業とも連携を行いながら，欧米で事業展開している乗合型バスツアー（欧米では「シート・イン・コーチ」という）の運行や観光案内所の運営，大型手荷物を配送する「手ぶら観光」，観光事業者向けの電子決済サービスの提供など，新たなサービスの提供に取り組んでいる．

#### 2）グローバル経営への挑戦

次に，大手旅行業者を中心とした海外拠点におけるグローバル事業展開である．日本の旅行業者の海外拠点は1950年代から設置が始まり，1970年代の日本人の海外旅行増加と共に拠点数も拡大したが，その主な業務は不慣れな海外旅行において日本的なサービスを海外で提供し，満足度の高い旅行を実現するためのランドオペレーター業務であった．しかし，日本人の海外旅行者数は頭打

ちとなる一方で訪日旅行に注目する外国人が増加していることから,従来の海外拠点のあり方を見直す機会となっている.

　HISはタイ・インドネシアにおいて自社ブランドの旅行店舗の出店を加速させ,今後更なる旅行需要の拡大が望まれる東南アジア地区での旅行取扱拡大を見据えている.JTBは海外拠点所在地にある日系企業の旅行関連需要の吸収を図るととともに,海外の旅行業者と提携もしくは買収することで,ランドオペレーター業務においては日本以外の国からの旅行者の受入を行い,さらに海外拠点発の訪日旅行や日本以外への海外旅行（第3国間旅行ともいう）の取り扱いを進めている.

　　3）ツーウェイ・ツーリズムの推進
　2017年に閣議決定した観光立国推進基本計画では,国際化が進展する中で伸び悩んでいる日本人の海外旅行促進策が盛り込まれている.海外旅行の促進は,国際相互理解の増進や日本人の国際感覚向上を図る機会となり,ひいては外国人旅行者の誘致につながる.日本は島国であり空路か海路でしか入国できないため,インバウンド旅行を拡大していくには国際航空路線や国際航路の拡充が必要である.こうした路線を維持・拡大していくには,海外からの旅客のみならず日本人旅客を増やすことによって双方向の利用促進が求められる.

　クルーズ旅行に着目すると,2016年の九州のクルーズ船寄港回数は博多港328回（全国1位）,長崎港197回（全国2位）を記録したが,これらは主に中国市場を重視する欧米のクルーズ会社が地理的に近い九州を寄港地として選んでいることによる.こうした前提があるが,国土交通省の調査によると2016年の訪日クルーズ客数は約199.2万人（前年比75.8%増）と日本人の外航クルーズ人口15.4万人（前年比15.5%増）に対して約13倍の開きがある.比較的低価格で楽しめるカジュアルクルーズの就航により,ようやく日本人のクルーズ人口も増加傾向にあり,今後は海外から飛行機で日本そしてアジア諸国から近い九州に来てクルーズ旅行を楽しむ「フライ＆クルーズ」という旅行商品の開発も視野に入れながら,旅行業界では日本発着クルーズの拡大・定着へ動き出している.

　こうした双方向の観光交流は「ツーウェイ・ツーリズム」とも呼ばれ,重要な観光政策の1つとして国や旅行業者が組織する団体である日本旅行業協会（JATA）においても推進されている.

## 2　地方創生・人口減少社会への対応

### 1）国内旅行の振興

　観光振興による地域活性化には，訪日外国人旅行者の誘致のみならず，日本人の国内旅行振興の視点が重要である．日本交通公社の調査によると，国内旅行のニーズは「温泉旅行」，「自然観光」，「グルメ」，「歴史・文化観光」，「テーマパーク」が高く，旅行業者は従来からこれらをテーマとした旅行商品を販売し，需要喚起に取り組んでいる．また，国内では，新幹線の開業やLCC（ローコストキャリア）の就航という交通機関の利便性が高まっており，旅行業者はサプライヤー側の新たなサービスを即座に取り込みながら旅行商品の付加価値を高めている．九州においては2011年に九州新幹線が全線開業したが，旅行業者はJRグループと連携しながら関西や中国地方から新幹線を活用した南九州地区への旅行商品を重点販売し，大きな成果を収めた．

　一方で，国内旅行振興には新たな旅行需要創出の観点も必要である．スポーツイベントを通じた国内旅行の振興をみると，マラソンの流行に乗り各地で都市マラソン大会が開催されているが，九州においては1981年に地元の旅館経営者と旅行業者が連携して冬のオフ期対策としてスタートした「いぶすき菜の花マラソン」が知られている．1月第2週の日曜日に実施されることから新年最初の市民マラソン大会として人気があり，年末年始が過ぎた観光のオフ期にあたる大会時期中でも地元の指宿温泉のみならず鹿児島市内まで宿泊需要が及んでいる．最近では，JTBによるリレーマラソンがユニークな取り組みを行っている．2010年の福岡市大濠公園での第1回大会を皮切りに，北九州市のJRA小倉競馬場や福岡県苅田町の日産自動車九州工場，山口県下関市の巌流島，大分県別府温泉など地元自治体や企業と連携しながら大会会場を工夫し，集客のみならず地域の情報発信を目的としたスポーツイベントに取り組んでいる．

　また，大分県安心院町のグリーンツーリズムの取り組みは，地域の農業を守るための手段として農村民泊に取り組むNPO法人安心院グリーンツーリズム研究会と主に関西地区からの教育旅行の目的地を検討していた旅行業者が連携することで農家における受け入れ体制を構築し，その後大分県内や九州各地にも取り組みが広がった．

### 2）地域密着型旅行業の創設

　ニューツーリズムは地域側の未活用資源の磨き上げや住民の参加という地域

に根差した旅行を創出するため，地域の観光協会やNPO法人など地域に密着した組織が主体的に取り組むことが求められる．こうした組織が持続的に旅行を創造していくためには組織の体制強化が必要であり，その手法として旅行業登録を行うことで地域内のバスツアーの企画・募集や大手旅行業者との事業連携，自主財源の確保が可能となる．そこで，国は2007年に旅行業登録基準の緩和（第3種旅行業の業務範囲の拡大）を決め，さらに2013年には旅行業への参入をより促すために地域限定旅行業を新設したところ，地域観光協会などの旅行業参入が進んだ．九州では2007年に佐賀県の唐津観光協会が旅行業登録を行い，農村民泊による教育旅行誘致や個人旅行向けのバスツアーを行っている．その後，九州各地の地域観光協会による旅行業登録は2015年時点で34組織まで拡大し，全国各地で地域密着型の旅行業者が誕生した．

さらに，観光振興による地域の活性化には，地域の将来のビジョンをつくり，関係者と合意形成を図りながら推進していく司令塔が不可欠である．その司令塔として，2014年の「まち・ひと・しごと創生総合戦略」では欧米の観光推進組織を参考にDMO（Destination Management/Marketing Organization）の創設が明記され，全国各地で体制整備が進んでいる．こうした組織の多くは既存の地域観光協会を母体に体制強化を図っており，事業の一環として旅行業登録を行い事業展開しているDMOが多い．

3）地域の課題解決事業

一部の大手旅行業者では事業領域を拡大し，旅行事業のみならずサプライヤーの経営支援や地域の社会問題解決に取り組んでいる．サプライヤーの経営支援においては，HISによる経営危機にあったテーマパークの再生がある．HISは二度の経営再建によっても回復が難しかったハウステンボスの再生に2010年から取り組み，大規模なイルミネーションや新規アトラクションへ投資しながら集客の目玉をつくる一方でコストを削減し収益率を高め，見事に再生させている．さらにHISは熊本県のバス事業者である九州産業交通をグループ会社に収め，熊本バスセンターの再開発事業にも取り組み地域の活性化を推進している．

また，公民連携（PPP：Public Private Partnership）が進められる中で，地域の課題解決へ向けた地方自治体との連携事例もある．JTBは福岡市と連携し，高齢者のタクシー定額チケットの実証実験を全国に先駆けて2015年より行ってい

る．また，JTBは公共施設の運営を民間企業が委託を受けることにより効率的な運営を目指すパブリック・ビジネスに取り組んでおり，福岡市の「なみきスクエア（香椎副都心公共施設）」や「百道文化センター」の指定管理者として集客イベントや利用者の利便向上にノウハウを生かしている．

### 3　情報通信技術の進展への対応

#### 1）オンライン旅行販売の拡大

　旅行取引のオンライン化は，特に個人の観光旅行や企業の業務旅行において進んでおり，オンライン予約経験率は国内旅行で82.9％，海外旅行で63.7％という調査結果もある．図9-7はオンライン予約時に利用したサイトやアプリであるが，その多くは旅行業者が開設するサイトやアプリを通した予約である．だが，旅行業においての真の脅威は，サプライヤーが運営する直販サイトや海外オンライン旅行業者の日本市場への浸透，さらにはシェアリングエコノミーの台頭であろう．航空会社やJRの予約サイトは，容易に航空券や乗車券の手配が可能であり，早期に予約をすれば価格も安くなる場合が多い．その上，パッケージツアーのように交通機関と宿泊を同時にオンラインで手配できるダイナミック・パッケージのサービスも充実しており，既にサプライヤー直販が進んでいる．また，エクスペディアやブッキングドットコム（Booking.com）という海外オンライン旅行業者は国内での利用はまだ多くないが，その成長は著しく日本市場へ徐々に浸透してきている．

　一方で，オンライン旅行販売は多様化しており，メタサーチと呼ばれるサイトやアプリは，複数の旅行業者やサプライヤーの価格を一括で比較することができ，トリップアドバイザーのように旅行者の口コミ情報が充実しているサイトも多く，旅行者の支持を得ている．さらに，シェアリングエコノミーの浸透は，エアービーアンドビー（Airbnb）に代表されるサイトにより，民宿として提供する個人の住宅への宿泊予約が可能であり，多くの訪日外国人旅行者も利用している実態がある．

#### 2）店頭とオンラインの融合

　オンライン旅行販売の拡大により旅行業者の店舗はどのように変化していくのだろうか．インターネットと店舗の融合の課題は旅行業のみならず，例えばデパートや衣料品店，書店など他の業界でも共通した課題がある．旅行業の店

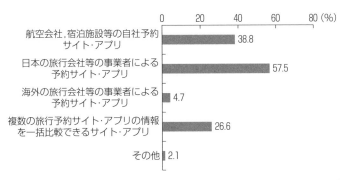

**図9-7** オンラインでの旅行予約時に利用したWebサイト・アプリ（過去1年間）

（出所）三菱UFJリサーチ＆コンサルティング［2016］「オンライン旅行取引サービスの動向整理」より抜粋.

舗の場合，旅行者がわからないことを直接スタッフに尋ねながら旅行を計画できる点に最大のメリットがある．しかし，旅行業は労働集約型の産業であることから人件費の負担が高く，宿泊や交通の手配のみを行う場合は，店舗で販売するだけでなく自社のwebサイトからオンラインで販売した方が効率的という見方も可能である．一方で，例えば，新婚旅行や海外ウエディング，クルーズ旅行，不慣れなヨーロッパの旅行をオンラインで購入するかと言えば，ためらう場合も多いだろう．また，旅行者からすると自宅で夜間にインターネットで検索し，直接スタッフのアドバイスを聞きたい部分は店舗に出向いて話を聞いたり，逆に店舗でお勧め情報を聞き出し仮予約した上で自宅のインターネットで詳しく検討したりすることも可能である．旅行者は旅行内容や利用する旅行業者によってオンラインと店舗，コールセンターというチャネルを使い分けており，こうしたニーズに対応するためには，旅行業者の営業特性によって戦略は異なるが，顧客とのあらゆる接点を融合させる「オムニチャネル」で顧客の満足度を高める取り組みが求められている．

### 3）新たな旅行の創造

最後に未来の旅行を想像してみよう．旅行の計画段階では，旅行業者の店舗にいるAI（人工知能）ロボットは顧客に最適な旅行プランを提案してくれるし，自宅でインターネットから作成した旅行プランの続きを店舗にいる熟練したス

タッフからも的確なアドバイスをもらいながら完成・手配することができる．旅先では自動運転車で移動し，スマートフォンからは多言語で観光地のガイド説明が流れ，指紋認証でホテルにチェックインや支払いが可能となる．荷物は持たずに観光をしながら次の目的地へ行く「手ぶら観光」で楽な移動ができ，観光地では「ここだけ，その時だけ」の付加価値の高い体験プランに参加することができる．一方で，必ずしも旅行に行かずとも旅行業者の店舗に行けば，観光地の質の高い動画やVR（バーチャル・リアリティー）コンテンツによって仮想旅行経験が楽しめる．こうした体験は旅行業者だけで実現できるものではなく，これまで培ってきたネットワークを活かし様々な業界や地域との結節点となり協業していくことで，新たな経験価値を生み出していくことができるのであろう．

## おわりに

2016年に入り減少傾向にあった旅行業者数は増加し9321社（前年は9074社）となった．旅行業者を取り巻く環境の厳しさが指摘される中で増加している要因は，外国人旅行者の増加や地域観光協会の旅行業登録が考えられる．本章では大手旅行業者の動向を中心に述べたが，旅行業者の規模や特徴も多様であり，中小の旅行業者では地域や顧客に密着し支持を得ている業者も多い．だが，国際化，地方創生・人口減少，情報技術時代への対応は共通した課題である．また，旅行者は単に旅行に行くことが目的ではなく，旅行先でどのような時間を過ごすのかという点を重視している．こうした人々が旅行に求める価値観は多様であり，その多様性に対応するために，旅行業者は旅行者の潜在意識を超えた旅行経験の企画力・提案力が欠かせない．また，旅行業は生活関連サービス業であることを考えれば，旅行に限らず人々の生活の利便性向上につながる事業展開に取り組むことで，旅行事業よりも消費者との接点を増やすことが可能となり，事業の幅も広がる可能性がある．

本章でみてきた旅行業を取り巻く環境の変化により，インターネットに置き換えられる旅行サービスは淘汰が進む一方で，新しいビジネスが生まれていくことになるだろう．しかし，旅行事業においては，人の専門性が重視される部分も多く，全てがオンラインに変わることはないだろう．例えば，旅行業の強みの1つに法人営業があるが，1964年の東京オリンピックはJTBが国内入場券

販売の総代理店を務め，2020年の東京オリンピック・パラリンピックでは，JTB，KNT-CT，東武トップツアーズ3社が共同でオフィシャルパートナーとして，選手や観戦者の輸送という重要な任務がある．こうした事業はインターネットでは対応できず人と組織のノウハウが求められる．国内外の人・モノ・情報の交流の幅はますます拡大していく中で，関連企業と協業しながら自社のネットワークをつくり事業創造を行ってきた旅行業者が対応するフィールドはあり，それらを創造していくことが求められている．

## 参考文献

今西珠美［2013］「旅行業の国際経営」，髙橋一夫編『旅行業の扉』碩学舎．
観光庁［2016］「ランドオペレーターに関する業務調査報告書」．
経済産業省［2017］「平成28年度電子商取引に関する市場調査」．
国土交通省「2016年の我が国のクルーズ等の動向（調査結果）」．
佐藤喜子光［1997］『旅行ビジネスの未来』東洋経済新報社．
髙橋一夫・柏木千春編［2016］『1からの観光事業論』碩学舎．
日本旅行業協会「数字が語る旅行業2017」．
日本交通公社「旅行年報2017」．
室岡祐司［2015］「旅行業の事業領域拡大の変遷からみる九州観光の構造変化：観光目的地における価値創造システムとしての地域密着型旅行業」『商経論叢』（九州産業大学），56（1）．
山本昭二［1999］『サービス・クオリティ』千倉書房．
UNWTO［2016］「Tourism Highlights（2016 Edition日本語版）」．
UNWTO［2011］「The power of youth travel」．

＜ウェブサイト＞
観光庁HP　旅行業者取扱額（http://www.mlit.go.jp/kankocho/）．
消費者庁HP「オンライン旅行取引サービスの動向整理」三菱UFJリサーチ＆コンサルティング，2016年（http://www.caa.go.jp/）．
総務省HP　日本標準産業分類（http://www.soumu.go.jp/）．
TUIグループHP（https://www.tuigroup.com/en-en）．
JTB　HP「交流文化通信colors」（https://www.jtbcorp.jp/jp/colors/index.html）．

# 第10章
## サービスビジネスの基礎と仕組み

◎要約

　読者は，サービスという言葉について，どのようなイメージを持っているだろうか．サービス業であれば，カフェなどの飲食店やホテル，アパレルショップなどを連想するだろうか．日本では「サービス残業」や「特別に○○をサービスしましょう」といった文脈で使用されることがあり，サービスは「無料」あるいは「おまけ」であるというイメージを持っている読者がいるかもしれない．

　本書で議論するサービスとは，モノという形のある商品と比較して簡潔に述べるならば，形のない商品のことだ．つまり，支払いの対価として顧客に提供されるサービスである．以下では，サービスのマネジメントやマーケティングを捉えるための基礎として，わたしたちの生活におけるサービスの重要性，サービスとは何か，サービスの特性や仕組みを捉える枠組みなどについて，具体例をあげて学習しよう．

学習の課題
1. 同じ目的や機能（解決したいこと）について，モノによる解決策とサービスによる解決策を考えてみよう．それぞれの解決策の具体的な違いは何だろう．
2. 身近なサービスを1つとりあげ，本章で学習したサービスの特性と課題について考えよう．
3. 身近なサービスを1つとりあげ，そのサービスの仕組みをサーバクション・フレームワークに当てはめて考えてみよう．

**keyword**
サービス経済化，形のない商品，無形性，不可分性，異質性，消滅性，サーバクション・フレームワーク，サービス・エンカウンター（真実の瞬間）

# 1 サービスの基礎を理解する

## 1 なぜサービスについて学ぶのか

　サービスについて学ぶにあたり，わたしたちの生活とサービスの関連について考えてみよう．わたしたちは，サービスという形のない商品を日常的に消費している．例えば，公共交通機関（バス・電車など）や，コンビニエンスストア，飲食店，宿泊施設，美容院などである．日本の産業といえば，自動車や家電などのモノをつくる製造業が思い浮かべられやすいが，サービスも重要な役割を果たすようになっている．

　実際に，日本の経済におけるサービスの位置づけをみてみよう．まず，日本標準産業分類には，第1次産業（農業や漁業など自然に働きかける産業），第2次産業（モノをつくる産業），第3次産業（第1次産業・第2次産業に含まれない産業）があり，一般的にサービス業と捉えられている先ほど例にあげたような分野は，第3次産業に含まれている．現在，この第3次産業は日本の国内総生産（GDP）の約70％を占めている．さらに，読者に知っておいてほしい重要な点は，国内で働く人の約70％が第3次産業に属しているということだ．

　日本においてサービスの分野が成長している背景には，様々な要因がある．例えば，高齢化は医療やシニア旅行といったサービスの増加に影響している．また，女性の社会進出が進んだことで，外食や掃除といった家事代行サービスの利用が増加してきた．

　さらに，モノをつくる製造業においても，サービスは重要な存在になっている．例えば，自動車メーカーや家電メーカーなどの製造業にとって，営業やアフターサービス，コールセンターでの対応は，顧客と良い関係を築いていくために欠かせない．

　このように，サービスはわたしたちの生活に密接し，今後もさらなる成長を期待されている分野であり，ここにサービスの基本知識を学習する意義を見いだせるだろう．

## 2 サービスとは何か

　これまでの説明では，サービスは形のない商品であり，一般的にサービス業と捉えられている分野は，日本産業分類の第3次産業に分類されることを述べ

た．しかし，前述の製造業におけるサービスの例から理解できるとおり，製造業とサービス業の境界は曖昧になってきていて，業種による分類だけではサービスを捉えきれない．サービスとは何かを理解するために，わたしたちが商品を買う理由から考えてみよう．

### 1）なぜ商品を買うのか

突然ではあるが，あなたは，これまでに自転車を購入した，あるいは，誰かに買ってもらったという経験はないだろうか．その自転車について「なぜ買ったのか」と質問されたら，どのように答えるだろう．例えば，「デザインがかっこよかったから」とか，「軽くて速いから」という理由があるかもしれない．では，次に「何のために買ったのか」と聞かれたら，前の質問とは異なる答えになることだろう．例えば，「通学のため」とか，「近所での買い物のため」とか，本格的なロードバイクを持っている人であれば「景色の良い場所に行くため」などである．もしかすると，「節約のため」とか「健康のため」という目的もありえるが，基本的には「移動」という目的のもとに購入するだろう．

ここで重要になる考え方は，「わたしたちは単に自転車がほしいから購入するのではなく，自転車によって実現される移動手段を求めて購入するのだ」ということである．つまり，わたしたちは，何らかの目的を果たすための解決策として商品を購入するのである．

### 2）モノとサービス

前述の考え方を理解すると，例えば自転車に代わる移動手段には，自動車のほかに，バスや電車，タクシーの利用など，様々な商品があることに気づくだろう．このように，わたしたちは何らかの目的を果たすために，様々な商品から解決策を選択して利用している．

商品には，大別してモノとサービスの2種類がある．モノは，移動という目的に対する自転車や自動車のように，目的を果たす有形物を主とする商品である．顧客は，目的を果たす有形物を購入し，所有することになる．そして，サービスとは，電車やタクシーのように，目的を果たす活動やプロセスそのものの提供を主とする無形の商品であるといえよう．伊藤・高室［2010］では，モノとサービスについて以下の表10-1を用いてわかりやすく説明している．

表10-1　モノとサービス

| モノによる解決（例） | 解決したいこと（目的・機能） | サービスによる解決（例） |
| --- | --- | --- |
| 自動車・自転車 | 移動 | 鉄道・バス |
| 洗濯機 | 洗濯 | クリーニング店 |
| バリカン・ハサミ | 散髪 | 理容店・美容院 |

出所：伊藤・高室［2010:7］に筆者加筆.

## 3　サービスの特性と課題

ここまで，サービスは，目的を果たす活動そのものの提供を主とする商品であることを学習した．以下では，サービスの仕組みやマネジメント上の課題の理解にむけて，サービスの特性をモノと比較しながら論じていく．一般に，サービスの特性には，無形性，不可分性（同時性），異質性（変動性），消滅性がある．それぞれの特性と課題について整理しよう．

### ①無形性〈Intangibility〉

無形性とは，文字通り形がない性質のことである．サービスは，有形のモノとは違い，購入する前に見たり，触れたり，評価したりすることが難しい．例えば，美容室の場合，顧客はカットの技術や店舗の居心地について，事前に把握しにくい．クリーニング店では，本当にシャツが美しく仕上がるかどうかは，利用してみなければわからない．

このように事前に商品の内容が伝わりにくい性質は，医療のように特に安全性が求められるサービスでは，大きな問題になる．単に「この病院の治療は安全です」といわれても，そう簡単に患者は安心しないだろう．そのため，サービスを提供する企業は，これらの無形性に由来するリスクを軽減するための工夫が必要になる．例えば，サービスの内容や品質を，視覚化あるいは有形化するという方法がある．

### ②不可分性（同時性）〈Inseparability (Simultaneity)〉

次に，不可分性とは，生産（提供）と消費（消費）を切り離せない性質のことである．モノとサービスの提供プロセスを比較して考えてみよう．例えば，自動車は工場の中で生産され，完成品として顧客に届けられるため，生産と消費が切り離される．一方，美容室のサービスの場合，顧客は美容室に自ら出向き，

髪を洗ってもらったり，切ってもらったりしている間，その場所に滞在することになる．サービス提供者である美容師は，洗髪や散髪の技術だけでなく，ヘアスタイルに関するカウンセリングや，滞在中の居心地などについて，様々な工夫を必要とするだろう．このように，サービスの場合，提供者と利用者がサービスの一部として共に価値を創り上げる．よって，サービスにおいて，顧客は単なるサービスの利用者であるだけでなく，共同生産者と位置づけられている．この特性は，生産と消費が同時に起こるという意味で同時性ともいう．

③異質性（変動性）〈Heterogeneity（Variability）〉
　異質性とは，サービスの内容がバラつきやすい性質のことである．一般に，サービスは，サービス提供者から顧客に，人から人へと提供される．そのため，サービスの内容は，だれが，いつ，どのように関わったのかで，その都度変化しやすい．例えば，ホテルを訪れた際に，ある日のチェックインにおける従業員の態度が悪いとか，レストランでの調理や配膳が遅い，他の宿泊客が騒いでいる，といった問題が起こりうる．モノの場合，工場の中で生産され，品質のチェックを行い，完成品として出荷されるが，サービスの場合は，例のようにサービス提供者や顧客など，人の関与によって内容が安定しないのである．そのため，このような性質を，変動性ともいう．

④消滅性〈Perishability〉
　最後に，消滅性とは，サービスは生産と消費と共に消滅し，貯蓄（在庫）ができないという性質である．自動車やバリカンであれば，在庫として保管しておき，改めて販売することが可能である．ホテルのようなサービスの場合，平日の昼は空室が目立ち，週末になると満室ということがあるだろう．例えば，平日の空室を在庫しておいて，週末に販売するというのは不可能である．つまり，消滅性はサービスの需要と供給の課題と関係がある．供給が需要を上回るとき，余りを在庫しておくことはできない．一方，需要が供給を上回るとき，顧客はサービスを利用するために長い行列や待ち時間を強いられることになり，結果として不満足を招いてしまう．サービスを扱う企業にとって，需要と供給の平準化は重要な課題となっている．

　サービスには，以上のような特性がある．そのため，サービスを扱う企業は，

これらの特性から生じるマネジメント上の課題に対する解決策を工夫する必要がある．

## 2 サービスの仕組みを理解する

既述のサービスの特徴が，どのように企業や組織のマネジメントに影響するのかという問題について検討するために，ここではサービスの基本的な仕組みを理解しよう．モノとサービスの提供プロセスを比較して考えると，先述のとおり，モノは工場で生産されたのち，完成品として店舗などに出荷され，わたしたち消費者の手に届けられる．一方で，サービスの場合は，生産（提供）と消費（利用）が同時に行われ，提供者と利用者の相互作用において共に価値を創り上げている．

### 1 サービス・エンカウンターの重要性

このようにサービス提供者（および組織）と顧客が直に接する場（接点）は，サービス・エンカウンターとよばれている．サービス・エンカウンターは至る所に存在する．例えば，ホテルに宿泊する場合を考えてみよう．まず，インターネットや電話で予約をする．現地に到着してフロントに向かうと，スタッフがチェックインに対応し，ポーターが客室まで荷物を運んでくれる場合もあるだろう．客室には，寝心地の良さそうなベッドや，ゆったりしたバスルーム，充実のアメニティが用意されている．ホテルの利用者は，こうした様々な組織との接点を評価し，宿泊料と見合うものであるかを判断する．つまり，サービス・エンカウンターは，顧客が組織の提供する具体的なサービスの要素（サービス提供者，物的環境，顧客，プロセスなど）と接する中で，組織に対する個人的な評価をする場であり，顧客の満足と不満足を左右する重要な場である．

サービス・エンカウンターの重要性が認識されるきっかけとなったのは，北欧のスカンジナビア航空の事例である．1980年代，赤字を抱えていたスカンジナビア航空では，従業員の態度や常連客のチェックイン方法など，様々なサービス・エンカウンターの改革を行い，瞬く間に黒字に転換した．サービス・エンカウンターは，闘牛士が牛にトドメを指す瞬間を意味する「真実の瞬間（Moment of Truth）」とも呼ばれている．いかにサービス・エンカウンターをマネジメントするかは，サービス企業にとって重要な課題である．

## 2　サーバクション・フレームワーク

形がないサービスの仕組みをわかりやすく捉えるための方法の1つとして，本項ではサーバクション・フレームワークを紹介する．サーバクション（servaction）とは，serviceとproduction systemを合体させた造語である．この枠組みは，もともとLangeard, Bateson, Lovelock and Eiglier [1981] により提案された．サーバクション・フレームワークは，顧客と組織の接点であるサービス・エンカウンターを中心として，サービスの仕組みを捉える枠組みである．

図10-1のとおり，サーバクション・フレームワークでは，サービスの仕組みの要素として，顧客の目に見えない（不可視の）部分と，顧客の目に見える（可視）の部分とを分類している．組織の仕組みの中で顧客にとって可視の部分はサービス・エンカウンターであり，さらに物的環境と顧客接点のサービス提供者に分類されている．先ほどのホテルの例でいえば，物的環境とは，ホテルのホームページや予約画面，外観，ロビー，客室，アメニティなどであり，顧客接点のサービス提供者とは，顧客と接するフロントのスタッフやポーターである．顧客に不可視の部分は，サービス・エンカウンターを支える顧客の目に見えない組織とシステムで，ホテルのレストランの厨房，掃除，ランドリー，ネットワークなどである．その他のサービスの要素には，顧客A（サービスを受けとる顧客）と，顧客B（顧客Aがサービスを受ける際に可視領域に居合わせる顧客）が含まれる．

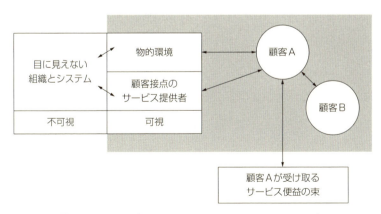

図10-1　サーバクション（Servuction）フレームワーク
(出所) Fisk, Grove and John [2008: 24].

この枠組みで何を説明できるのかというと，顧客Aが受け取るサービス便益の束（最終的な評価の対象）は，サービス・エンカウンターにおける顧客Aとサービス提供者および物的環境，顧客の目に見えない組織とシステム，そして可視領域に居合わせる他の顧客Bなどの相互作用によって創りだされるということである．ホテルの例でいえば，顧客はホテルのスタッフや外観，客室の内装やアメニティ，顧客の目に見えない掃除のスタッフやシステム，そして，ロビーやレストランに居合わせる他の顧客などの影響を受けて，ホテルに対する最終的な評価を下すのである．

サーバクション・フレームワークは，サービス・エンカウンターを中心に，目に見えにくいサービスの仕組みの見える化（可視化）を試みる枠組みであり，サービスの仕組みの理解に役立つ．サーバクション・フレームワークをもちいて実在する企業の仕組みについて検討してみよう．

## 3　加賀屋のサービスの仕組み

以下では，これまで学習してきたサービスの基礎知識をふまえて，日本の代表的な旅館の1つとして高く評価されている加賀屋のサービスの仕組みについて考えてみよう．

### 1　旅館業の現状

近年，日本では経済の柱の1つとして観光産業の成長に力を入れており，特にインバウンド（外国人旅行）の視点から，旅館業は日本独自の宿泊施設として期待を寄せられている．日本政策投資銀行・日本交通公社の『アジア・欧米豪訪日外国人旅行者の意向調査（平成29年版）』によれば，日本旅行の際に希望する宿泊施設として，全体の 71%が日本旅館をあげている．また，実際に訪日した旅行者の56%が日本旅館に宿泊している．

しかしながら，旅館業の現状は厳しいものである．2015年における日本の宿泊業の市場規模は3兆1580億円で，このうち旅館業は1兆4430億円となっており，最も好調であった1991年から約40％に減少している（『レジャー白書（2016年版）』）．さらに，旅館業とホテル業の施設数と客室数の推移をみると，ホテルは増加傾向であるが，旅館は年々減少している（図10-2）．日本交通公社[2002]では，旅館業の問題点として，団体旅行を受けいれるために過剰な開発を行っ

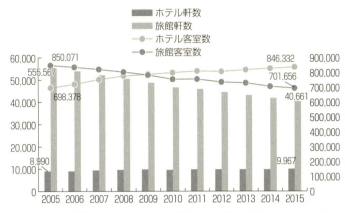

**図10-2　旅館およびホテルの軒数と客室数の推移（2005-2015年）**

(出所) 厚生労働省『衛生行政報告例』各年版より筆者作成.

てきたことや，後継者が不足していること，手厚いサービスを重視するあまり，効率化が進まないことなどを指摘している．

　厳しい現状にある旅館業において，加賀屋は長年にわたり高い評価を得ている．加賀屋では，どのような仕組みで優れたサービスを提供しているのだろうか．

## 2　加賀屋の概要

　1906（明治39）年，加賀屋は石川県の能登半島の中央に位置する七尾市で創業した．当時は12室30人収容という規模であったが，現在では加賀屋の本館として4棟232室，その他にも姉妹館を運営している．加賀屋の特徴は，大型旅館でありながら，女将と仲居（客室係）を中心とした細やかなサービスを大切にしていることである．優れたサービスを評価され，『プロが選ぶ日本のホテル・旅館100選』において，1981年から36年もの間1位を獲得した．先に述べた通り，加賀屋は大型旅館でありながら細やかなサービスを提供することが特徴である．例えば，女将や仲居による出迎えや見送り，客室への案内や挨拶まわり，部屋食の配膳などである．さらに，仲居が顧客の体格を目で確認しただけで体形にぴったりの浴衣を用意したり，顧客と接する中で宿泊目的がお祝いと知れば，すぐに館内で情報を共有して贈り物を用意したり，細やかで柔軟なサービ

スを高く評価されている．

このような優れたサービスを提供するために，加賀屋では様々な仕組みを構築している．本節では，料理自動搬送システムと保育所付き母子寮のカンガルーハウスを紹介する．

### 3　加賀屋におけるサービスの仕組み

#### 1）料理自動搬送システム

従来，旅館の食事といえば宴会と部屋食であり，特に家族や友人など個人で宿泊する場合は部屋食が一般的であったが，最近の旅館では効率化や顧客のプライバシーといった観点から部屋食ではなく館内の食事処で提供することが一般的になっている．一方，加賀屋は総客室数200室以上，収容人数は1000人以上という大旅館でありながら，宿泊客に客室でゆっくりと寛いで過ごしてほしいという理由から，従来どおり部屋食を続けている．

このような大旅館で部屋食を提供することは，女将や客室係など配膳を担当する従業員にとって大変な重労働であることは想像できるだろう．客室係は，調理場で完成した食事をワゴンに並べ，その重たいワゴンをエレベーターで担当フロアに運ぶ．そして，フロアに到着すると，宿泊客ごとにお盆に並べなおし，客室に運ぶのである．さらに，客室では入り口での挨拶や配膳のために膝や腰の上げ伸ばしを繰り返すため，ほとんどの客室係が足腰に痛みを抱えていたという．

そこで，加賀屋では1980年代から多額の資金を投じて料理自動搬送システムを開発してきた．料理自動搬送システムとは，食事を調理場から客室や宴会場まで自動で運搬する機械である．このシステムにより，客室係は料理の運搬による負担から解放され，食事中の接客に一層集中できるようになった．さらに，機械化によって人為的なミスやサービスのバラツキを軽減することができ，全体的なサービスの向上につながった．

#### 2）保育所付き母子寮「カンガルーハウス」

加賀屋では，約180名の客室係が働いている．客室係の仕事は，女性に支えられており，そのなかには子育てをしながら働いている客室係も存在する．そのため，客室係をはじめとする子育て中の従業員が安心して働くことができるよう「カンガルーハウス」と呼ばれる保育所付き母子寮（8階建て全53室）を設立

した．カンガルーハウスでは，専属のスタッフが子どもたちの世話を担当している．本館から徒歩3分と距離が近いので，客室係は子どもの様子が気になる時に駆け付けることができ，何か問題があれば，すぐに職場と保育園の間で連絡が取れるような仕組みを整えている．

旅館業をはじめとするサービス業では，従業員が定着しないことが課題となっているが，加賀屋ではカンガルーハウスや料理自動運搬システムによる従業員の負担の軽減もあって，平均勤続年数は10年に達している．

加賀屋のサービスの仕組みを，先述のサーバクション・フレームワークに当てはめて検討してみよう．加賀屋では，顧客との接点であるサービス・エンカウンターを中心に，サービスの仕組みを構築している．最も重視しているのは，可視の部分で顧客接点を担う女将や客室係（サービス提供者）による接客である．加賀屋が大旅館でありながらも顧客を満足させる細やかなサービスを提供できるのは，サービス提供者である女将や客室係が，顧客をしっかりと観察し，自ら考えて柔軟に対応しているからにほかならない．そして，サービス提供者を支えるために，顧客に不可視の部分では料理自動運搬システムを導入して負担を軽減したり，カンガルーハウスを設立して安心して働ける環境を整備したり，様々な工夫をこらしている[1]．このように，加賀屋は顧客接点であるサービス・エンカウンターを中心に仕組みを構築することで，高い評価を獲得しているといえるだろう．

## おわりに

本章では，サービスのマネジメントおよびマーケティングを捉えるための基本的な知識として，わたしたちの生活におけるサービスの重要性，サービスとは何か，サービスの特性や仕組みを捉える枠組みについて学習してきた．わたしたちは何らかの目的を果たすために，様々な商品から解決策を選択して利用している．サービスとは，目的を果たす活動やプロセスそのものの提供を主とする無形の商品である．サービスの特徴には，無形性，不可分性（同時性），異質性（変動性），消滅性があり，これらの特性がサービスのマネジメント上の課題に影響している．本章では，サービスの仕組みを捉える枠組みの1つとしてサーバクション・フレームワークを紹介し，日本を代表する旅館である加賀屋

の事例をとおして，組織と顧客の接点であるサービス・エンカウンターの重要性を学習した．

　これらはサービスのマネジメントおよびマーケティングを捉えるための基本的な知識であり，実際には様々な視点や具体的なテーマで議論がなされている．本章で述べたように，サービスはわたしたちの生活に密着し，これから成長を期待されている分野でもあり，ますます研究の進展が求められている．

注
1）この他にも，加賀屋では宿泊客にきめ細やかなサービスを提供するために，様々な仕組みを構築している．例えば，クレームの記録と議論，忙しい時間帯に応じて柔軟な人員配置を管理するシステム，勤務時間の工夫などである．

## 参考文献

伊藤宗彦・高室裕史［2010］『1からのサービス経営』碩学舎．
小田真弓［2015］『加賀屋　笑顔で気働き——女将が育んだ「おもてなし」の真髄——』日本経済新聞出版社．
近藤隆雄［2007］『サービス・マネジメント入門（第3版）』生産性出版．
細井勝［2015］『加賀屋の流儀』PHP研究所．
山本昭二［2007］『サービス・マーケティング入門』日本経済新聞出版社．

Carlzon, J. [1989] *Moments of truth*, New York : Harper & Row/Ballinger（堤猶二訳『真実の瞬間——SAS（スカンジナビア航空）のサービス戦略はなぜ成功したか——』ダイヤモンド社，1990年）．
Fisk, R. P., Grove, S. J. and J. John [2008] *Interactive Services Marketing Thirded.*, Boston: Houghton Mifflin（小川孔輔・戸谷圭子監訳『サービス・マーケティング入門』法政大学出版局，2005年）．
Langeard, E., Bateson, J. E. G., Lovelock, C. H. and P. Eiglier [1981] *Services Marketing: New Insights from Consumers and Managers*, Cambridge, MA: Marketing Science Institute; 1981.
Levitt, T. [1962] *Innovation in Marketing*, New York : McGraw-Hill（土岐坤訳『新版マーケティングの革新——未来戦略の新視点——』ダイヤモンド社，2006年）．
Lovelock, C. H. and L. K. Wright [2007] *Principles of Service Marketing and Management*, Upper Saddle River, NJ : Prentice Hall（小宮路雅博監訳，藤井大拙・高畑泰訳『サービス・マーケティング原理』白桃書房，2002年）．

＜参考資料＞
厚生労働省『衛生行政報告例』（各年版）．

日本交通公社［2002］『21世紀・旅館経営の課題——10年後を生き残るために——』
日本政策投資銀行・日本交通公社の『アジア・欧米豪　訪日外国人旅行者の意向調査（平成29年版）』
日本生産性本部『レジャー白書（2016年版）』

# 第11章
## 顧客志向のサービスマネジメント

◎要約

「お客様のために」という経営者の思いをサービスにして，顧客に提供することにより，顧客に満足してもらう組織のマネジメントを顧客志向経営と言う．優れた顧客志向のサービスマネジメントの事例として，小旅館が集積している地域の熊本県「黒川温泉」と老舗大規模旅館の和倉温泉「加賀屋」をとりあげ，それらの成功要因の比較と整理を通じて，優れたおもてなしやサービスを提供している旅館の経営について検討した．その結果，顧客志向の理念を女将が「おもてなし」というサービスに具現化して，その知識や技能を理念とともに個々の従業員に伝え，各従業員がおもてなしを顧客へ実践し，顧客のフィードバックを組織で共有することにより，優れたおもてなしやサービスを提供する顧客志向のマネジメントが行われていることを概観した．

学習の課題
1. あなたが体験した優れたおもてなしやサービスを提供している会社や旅館・ホテルなどを具体的にあげ，どのような経営を行っているか，その理由や背景などを調べてみよう．
2. あなたが会社の経営者あるいは現場の接客担当者だとしたら，顧客に満足してもらうために，どのようなサービスを提供するか考えてみよう．

**keyword**
おもてなし，サービス，知識，技能，旅館，黒川温泉，加賀屋，顧客志向，マネジメント

第11章　顧客志向のサービスマネジメント　153

## はじめに

　観光分野においてサービス産業，特に旅館やホテルなどのホスピタリティ産業において，顧客のために献身的に働く姿勢が評価されている．そうした顧客の満足や利益のために会社全体で経営を行うことを「顧客志向経営」と呼ぶ．一方で，会社や従業員が「顧客のために」と思って提供しているサービスが顧客の期待や要望に合わず，顧客の満足を得られずに，売上や利益に結びつかないケースが多々見られる．また，日本の地域や宿泊施設を概観してみると，似たような旅館やホテルが，同じようなおもてなしやサービスを提供しているにも関わらず，その成否は様々である．優れたおもてなしやサービスを顧客へ提供している地域や旅館は，どのようなマネジメントをしているのであろうか．本章では，優れた顧客志向のマネジメントを実践している熊本県の「黒川温泉」と石川県和倉温泉の「加賀屋」をとりあげ，2つの事例の比較を通じて，共通点を整理し，顧客の満足を得られるサービスを提供するための顧客志向のマネジメントのあるべき姿について考える[1]．

## *1* 顧客志向のサービスマネジメントの事例

　現代の旅館は，家族経営を主とする小規模旅館と会社形態で経営される大規模旅館に二極化されており，両者の旅館経営は全く異なる．そこで，小規模旅館の事例として熊本県「黒川温泉」の旅館を，大規模旅館の事例として和倉温泉「加賀屋」をとりあげる．

### 1　熊本県「黒川温泉」
――小旅館による地域での顧客志向のサービスマネジメントの事例――

　黒川温泉は，熊本県阿蘇郡南小国町にあり，交通はバスや車のみとアクセスに恵まれない，24軒の旅館が建ち並ぶ温泉街である．旅館組合主導で歓楽的要素や派手な看板を廃して統一的な町並みにし，落ち着いた自然の雰囲気を醸し出している［山村 2015］．日本旅行主催の「2016年旅行会社が選んだ，第29回温泉地ランキングベスト100！（にっぽんの温泉100選）」では，全国7位と人気の温泉地である[2]．黒川温泉は，おもてなしに定評の旅館が多く，地域で優れたお

もてなしやサービスを提供しているのが特徴である.

① 黒川温泉でのおもてなしと旅館経営

　黒川温泉でのおもてなしについて，某旅館の女将は「旅館のおもてなしはマニュアルっぽくなってはいけない」と語り，自宅に知り合いが訪れた時のように，やさしく接する昔ながらのおもてなしを大事にしている．従業員が，顧客の気持ちを先に感じ取ることにより，思いがけないおもてなしとなり，顧客も感動する．一方，顧客が気をつかうような行き過ぎた接客サービスではなく，さりげないおもてなしを心がけている．そのために顧客との会話から，何をすれば喜ぶかを感じ取る話術を磨くのも従業員には重要となる．そうしたおもてなしを重視する黒川温泉では，旅館経営の考え方にも表れている．

　黒川温泉の多くの旅館の経営目的は，売上・利益増や事業拡大よりも，先祖代々の宿を受け継ぎ，継続させることである．そのため，旅館経営者は，おもてなしの質を落としてまで，無理に満室を目指し，集客することはない．旅館の経営は，旅行代理店との関係や経営者の考え方もあり，売上・利益や満室・空室だけで，経営の良し悪しを計ることが必ずしも適切ではない．ホテルなどでは，売上・利益の拡大や経営の効率化を追求し満室を目指す経営が一般的であり，そのためにホスピタリティをいかに活用するか，という「ホスピタリティ・マネジメント」が体系化されている［服部 2008; 山上 2005］．一方，こうしたホテルと「よい経営」に対する考え方が異なる旅館は，先祖代々の事業の継承が経営の目的であり，必ずしも規模や売上の拡大を望まないこともある．黒川温泉の旅館では，おもてなしを究める，ただ素直に顧客に喜んで欲しい，という気持ちや思いから生じる経営者のこだわりや顧客志向の理念が女将によって優れたサービスとなり，様々なおもてなしが実践されている．

② 黒川温泉での従業員の採用と育成

　黒川温泉での従業員採用において，例えば某旅館では，年配・経験者ではなく，旅館に勤めた経験のない人を採用し，一から細かな接客を教えている．黒川温泉の多くの旅館では，マニュアルのような手順書は存在しない．「お客様が感動するおもてなしは，マニュアルからは生まれない」という考えから，先輩から新人へ「(先輩が) して，(新人に) みせて，(新人に) やらせて，(先輩が) みる」といった徒弟的な人材の育成が続けられている．時には，携帯電話のビ

デオ機能を使って，女将が先輩の手本を動画で新人に見せて，優れたおもてなしやサービスを教えている．

　従業員は，それぞれの資質や性格に合わせた，様々なおもてなしやサービスを実践している．例えば，きめ細やかな顧客対応を得意とする者もいれば，顧客との会話が上手い者，手際よい仕事が評判の者など，各人がそれぞれの得意を把握して，従業員個々にあったおもてなしやサービスを提供している．黒川温泉の旅館の多くは，接客の最低限の基本は定めているが，それ以上のおもてなしは，各従業員の得意に任せている．従業員の仕事を，女将が一緒に仕事をすることで，管理・監督している．接客には正解がなく，常に考えながら，優れた例を従業員の間で共有し，よりよいおもてなしやサービスを見つけようと日々努めながら仕事をしている．

　また，多くの旅館では，客室のアンケートをおもてなしやサービスの向上や改善に活かしている．アンケートに良いおもてなしや接客サービスの内容が記載されていれば，担当した従業員へ伝えられる．顧客のフィードバックは従業員のやりがいになり，顧客が従業員の働く動機となり，さらには教育する機会にもなっている．

③ 黒川温泉での女将を中心とした情報共有
　黒川温泉の各旅館では，おもてなしやサービスによって顧客に満足してもらうため，様々な取り組みが行われている．各旅館では，女将の管理のもと，旅館内の客室係が，より優れたサービスを提供できるよう，時には切磋琢磨しつつ，フロント係や他の客室係同士が協力して仕事をしている．例えば，女将など旅館の代表者が外部の研修に参加し，学んだことを旅館内で他の従業員に共有している．逆に，外部からおもてなしや接客のコンサルタントを旅館に招き，一流の技を学ぶこともある．また，大手ネット旅行代理店の助言や口コミからヒントを得て，改善に活かしたり，標準的なおもてなしの知識や技術を習得するために「日本の宿おもてなし検定」受験のための勉強会を女将がリードして行っている．

　こうした各旅館の優れた実践活動は，女将を通じて，他の旅館の女将に共有されている．黒川温泉には，旅館の女将が集まり情報交換を行う「女将の会」という場が組合内にある．「女将の会」で女将たちは，いかにして顧客に喜んでもらえるか，各旅館の様々な実践事例の情報共有を行い，優れた事例は自分

の旅館でも行う．各旅館の女将が集まる「女将の会」では，接客の現場でのおもてなしについて事例や情報の共有と議論がなされる一方で，各旅館の経営者は，黒川温泉全体がよくなるよう，組合内で役員を担当し，地域の組合活動の運営や管理を行っている．

　黒川温泉の旅館では，「お客様をもてなしたい」という顧客志向の思いを「おもてなし」というサービスに具現化し，顧客に提供している．黒川温泉の旅館の多くは家族経営で，売上や利益あるいは事業拡大よりも，先祖代々の旅館事業を継続することを目的としている．そうした家族での経営による旅館が，遠い親戚が遊びに来たように客をもてなす「家族的なおもてなし」が，黒川温泉のおもてなしとして評価されている．黒川温泉のそれぞれの旅館は同じ地域の同業者で競合するライバル関係にあるが，地域をよくしていこうという考えに共感した協調関係にもある．おもてなしに関わる実践事例や情報を，「女将の会」という場を通じて，公式・非公式に限らず活発に行われている．各旅館の現場から旅館の女将を中心に，他の旅館と知識や情報の共有と展開を行い，地域全体で顧客に優れたおもてなしやサービスを提供するために良好な協力関係が形成されている．このように黒川温泉の各旅館が，むやみに商業的な成功を追い求めず，黒川温泉全体の統一したコンセプトを決めて，その中で，旅館各々のおもてなしを愚直に追及，共有，努力し続けた結果，顧客の共感を得て，黒川温泉全体とともにそれぞれの旅館が身の丈にあった成長を遂げてきたと一考できる．

## 2　和倉温泉「加賀屋」
―――大規模旅館による顧客志向のサービスマネジメントの事例―――

　「加賀屋」は，石川県七尾市和倉町の和倉温泉に位置し，1906（明治39）年，小田與吉郎が創業した100年以上続く老舗旅館である．加賀屋は，創業当時12室30名収容の旅館から始まり，現在は，総客室数232室，収容人数1400名，年間宿泊者数22万人を超える大規模旅館である．加賀屋は「プロが選ぶ日本のホテル・旅館100選」[3]に30年以上連続1位となっており，2010年には台湾にも進出している．

① 「加賀屋客室係十二訓」と「加賀屋の流儀」

加賀屋には，接客サービスの初歩的な決まり事を定めた「加賀屋客室係十二訓」と呼ばれる業務指針がある．その内容は「お客様が御着きになる前に受け持つ部屋が清潔か，臭気はないか，マッチのセットはあるか」，「玄関でのお迎えは定時に集まり，元気な声でご挨拶し，温かくお迎えする」などの基本に終始している［細井 2006］．この「加賀屋客室係十二訓」は，小さなカードに印刷され，加賀屋の接客を担当する従業員全員が携帯している．旅館の多くが同様なマニュアルをつくり，従業員教育に活用しているが，加賀屋が他と異なるのは，「一人ひとり違うお客様と向き合うのに，マニュアルは役に立ちません．常にお客様の細かな言動に注意し，言葉に表されない要望を察し，おもてなしするよう仕事をしています．」と接客サービスの責任者が語るように，加賀屋の従業員には顧客の期待を超えるおもてなしやサービスが求められている．

そうした期待を超えるおもてなしを，顧客から言われる前に従業員が率先して提供することを徹底できる根底には「加賀屋の流儀」がある．「加賀屋の流儀」は，加賀屋の歴史・ビジョン・風土，これまでの先輩たちの業務経験などから築き上げられた組織に共有されている考え方である．「加賀屋の流儀」は，「お客様の期待に応える」，「正確性を追求する」，「おもてなしの心で接する（ホスピタリティ）」，「クレームゼロを目指す」などの言葉で表現されているが，加賀屋の従業員が顧客に接客をする上での心がまえである．この「加賀屋の流儀」のもとで，様々な経験や性格をもつ従業員との間でもおもてなしや接客サービスの教育や知識の共有が行われている．加賀屋には，「加賀屋客室係十二訓」のようなマニュアルはあるが，それは最低限の形式にすぎない．むしろ，一人ひとり異なる顧客に応対する際に，顧客のためにと尽くそうとする理念「加賀屋の流儀」が根底にあり，個々の従業員が優れたおもてなしを提供できている．こうした加賀屋のおもてなしは，「加賀屋の流儀」という考えを共有しない他の旅館での模倣は困難となっている［野中・勝見 2012］．

② 加賀屋の顧客情報の収集と共有

加賀屋には「客室係からの注文はお客様の声」という言葉があり，顧客からの情報の収集・共有・活用が，サービスを支えている［丸山 2004］．宿泊客の食事の好み，室温の加減，どの担当従業員が喜ばれたか，などの情報を管理し，来客時に万全の体制を整えている．初めての顧客は予約時に，宿泊目的，食べ

物の好き嫌いなど，可能な限り情報を聞き出している．その情報をもとに，顧客への従業員の客室担当を割り振っている．例えば，宴会客には陽気な従業員を，中高年の夫婦客には落ち着いた従業員，といったように顧客との相性を考慮して決める．女将が客室担当となった従業員を観察し，顧客と相性が合わなければ，担当を変更することもある．加賀屋の旅館の棟ごとにリーダーが配置され，きめ細やかな管理がなされている．

加賀屋では，現場で得た顧客の情報や接客の経験を，その従業員だけのものにせず，全従業員で共有できる情報一元化集中管理システムが構築されている．接客担当の従業員が顧客に十分なおもてなしを提供するため，予約係は事前に顧客のあらゆる情報を集め，フロント係の判断で顧客にあったおもてなしやサービスを指示する．

また，加賀屋では，宿泊サービスについてアンケート調査を行い，顧客の意見を収集している［丸山 2004］．評価項目は，従業員の接客，料理や施設など多岐にわたる．このアンケートの結果は，苦情の実態把握とその再発防止に役立てており，各項目の満足度の比較や分析を行っている．分析された結果は，会議で共有，議論され，幹部会議でも報告される．こうしたアンケート結果の積み重ねをもとに，全従業員，一般従業員，現場の接客担当の従業員を対象とした「クレームゼロ大会」が年3回行われている．この大会では，顧客の不満の傾向や実際に発生した苦情の例，責任者の対応や対策などが説明され，参加者全員で共有と討議を行う．

このように加賀屋には，顧客の情報を収集した上での万全なサービスの準備，改善のための「クレームゼロ大会」など，個々の従業員が持っている情報や知識を旅館の他の従業員と共有することにより，よりよいサービスを目指している．

③ 加賀屋での従業員教育と支援

加賀屋に入社した従業員は，3日間の集中講義に続いて7日間の実務教育プログラムを受ける．新人の従業員が先輩について，実際の仕事の中での教育が行われている．その後，新人の従業員が1人で仕事ができるようになっても，日常業務の中で，困ったことがあれば，先輩従業員に相談できる「シスター＆ブラザー制度」がとられている．それぞれの従業員には，リーダーやサブリーダーがついて，日々の仕事ぶりが管理されている．

こうした従業員教育は宿泊業では一般的であるが，加賀屋では，従業員が顧客への接客サービスに専念できる環境を整えている．従業員寮には，企業内保育園「カンガールハウス」が設置され，勤務時間中に子供を預けることができる．また，館内に整備された料理自動搬送システム，他の業者による寝具の準備（布団の上げ下げ）は，従業員の疲労を防ぎ，接客サービスに集中してもらうための支援である．

加賀屋のおもてなしやサービスは，顧客一人ひとりの性格や状況，興味などを察知する従業員の心配りが卓越している．加賀屋には，「加賀屋の流儀」という伝統の顧客へのおもてなしの心が社内の従業員に浸透されている．その「加賀屋の流儀」がもととなるおもてなしやサービスを，女将からリーダーへ，リーダーからサブリーダーへ，サブリーダーから現場の従業員へ，また，先輩から新人へ伝えられている．おもてなしや接客をする相手は様々な個性や背景をもつ顧客であるため，臨機応変な対応が必要となる．顧客の期待や要望を察する観察力を高めるような従業員教育を通じて，加賀屋独自のおもてなしが職場での経験によって従業員は習得してゆく．その結果として，加賀屋では，それぞれの従業員が顧客の状況や要望を察し，創意工夫されたおもてなしを組織全体で提供できるようになっている．また，そうした従業員が接客サービスに集中できるよう，加賀屋では，社内保育園や料理自動運搬システムなど業務上の不安や負担を削減すべく，様々な支援体制が整えられている．

## 2　黒川温泉と加賀屋の比較による顧客志向のサービスマネジメントの特徴

「黒川温泉」は地域での小規模旅館の集まり，「加賀屋」は大規模旅館といった違いがあるものの，2つの事例には，表11-1のような「顧客志向の理念」，「知と技の伝承」，「知識と情報の共有」といった共通点が観察できる．

それぞれのおもてなしの根底にある「（顧客志向の）理念」に関しては，加賀屋は「加賀屋の流儀」，黒川温泉には「地域全体で顧客へ家庭的なおもてなしをしたい」という思いがある．こうした顧客志向の理念により，女将を中心に旅館独自のおもてなしがサービスとして具現化されている．そのおもてなしの知と技は女将らを中心に各従業員へ伝授される．この教育の過程で，顧客志向の理念も女将から各従業員に伝授される．旅館には，詳細なマニュアルはなく，

表11-1　加賀屋と黒川温泉の共通点

|  | 加賀屋 | 黒川温泉 | 共通点 |
|---|---|---|---|
| 理念 | ・「加賀屋の流儀」 | ・地域全体でのおもてなし | ・顧客志向の理念 |
| 知と技の伝授 | ・先輩について人から人への教育 | ・女将指導のもと，「して，みせて，やらせて，みる」 | ・マニュアルなしで，個人から個人への伝授 |
| 知識・情報の共有 | ・システムによる顧客情報と従業員経験の共有<br>・クレームゼロ大会や会議での議論と共有 | ・旅館内での顧客情報共有<br>・「女将の会」でのベストプラクティスの共有 | ・組織的な知識共有の仕組み（取り組み） |

　新人が先輩従業員や女将について一緒に仕事をしながら，その仕事を観察や模倣しながら実践し，先輩や顧客からフィードバックを受ける．このおもてなしやサービスを提供するプロセスを，様々な顧客に対し，繰り返し実践することで，顧客が表現しえない微妙な要望を感じ取ることが可能となる．こうして生まれた成功や失敗体験は，顧客の情報とともに，現場の組織内で共有と議論がなされる．教訓となるベストプラクティスや事例は，各旅館の女将やリーダーを通じて，旅館あるいは地域全体に共有される．さらに，共有されたベストプラクティスは選定され，別の旅館やグループでの新たなおもてなしやサービスとして現場で実践される．こうしたプロセスの観察から，図11-1の顧客志向のマネジメントモデルが表現できる．

　まず，旅館や地域の顧客志向の理念を基に，主に女将によって，おもてなしやサービスが具現化される．次に，そのおもてなしが，女将から各従業員へ個々に伝授される．そして，各従業員は，おもてなしを顧客に実践し，そのフィードバックを顧客から受ける．顧客のフィードバックは，組織内に共有され，よりよいおもてなしのための議論が行われる．その結果に基づき，女将は新しいおもてなしを再び創出する．こうしたプロセスが組織内で連綿と続けられ，さらに外部との連携による知識の共有から，より優れたおもてなしが創出される．

## おわりに

　本章では，顧客志向のマネジメントについて理解すべく，熊本県「黒川温泉」

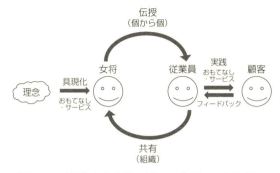

**図11-1　顧客志向のサービスマネジメントモデル**

と和倉温泉「加賀屋」の事例を取り上げ学習した．顧客志向のマネジメントとは，「お客様のために」という経営者の思いをサービスにして，顧客に提供することにより，顧客に満足してもらう組織的な経営のことである．「加賀屋」や「黒川温泉」の旅館では，女将を中心に，顧客志向の理念を「おもてなし」というサービスに表現して，その技能を個人から個人に伝えている．そのおもてなしやサービスを従業員が顧客へ提供し，顧客のフィードバックを組織内で共有と議論が行われる．その結果を踏まえ女将がより優れたおもてなしへ改善する．こうしたプロセスが連綿と続けられることにより，より優れたおもてなしを創出する顧客志向のマネジメントが機能している．そうしたおもてなしの知識や情報を地域や旅館内で共有し，他の優れた成功事例をアレンジして取り入れることにより，旅館や地域を超えた知識や情報の共有などの活動を通じて，さらに優れたおもてなしやサービスを見つけようとしている．

注

1) 本章は2016年10月9日に日本経営診断学会第49回全国大会（愛知工業大学）にて発表した「おもてなしを創出する知識経営――和倉温泉加賀屋と黒川温泉の事例の比較分析――」を大学生の初学者向けにテーマに合わせ改編した内容である．
2) 日本旅行「温泉ランキング　にっぽんの温泉100選」（http://www.nta.co.jp/yado/onsen/onsen100/, 2016年2月20日閲覧）．
3) 旅行新聞新社「旬刊旅行新聞」主催する，全国の旅行会社の投票による日本のホテル・旅館100選（http://www.ryoko-net.co.jp/?page_id=69, 2016年2月20日閲覧）．

4）加賀屋HP（https://www.kagaya.co.jp/company/principle/, 2017年11月16日閲覧）.

## 参考文献

野中郁次郎・勝見明［2012］「野中郁次郎の成功の本質——ハイ・パフォーマンスを生む現場 科学する（VOL.58）加賀屋——」『Works』17（5）.
服部勝人［2008］『ホスピタリティ入門（第2版）』丸善.
細井勝［2006］『加賀屋の流儀 極上のおもてなしとは』PHP研究所.
丸山一彦［2004］「サービス産業におけるマーケティング・マネジメントの役割と知識に関する実証研究：株式会社加賀屋（旅館業）を事例として」『成城大學經濟研究』.
山村順次［2015］「黒川温泉2015年度視察資料」黒川温泉観光旅館協同組合.
山上徹［2005］『ホスピタリティ・マネジメント論』白桃書房.

# 第12章
## 世界遺産とは何か

◎要約

　「世界遺産条約」は，新たな危険の大きさ及び重大さにかんがみ，破滅や滅失の脅威から，特別の重要性を有する文化遺産及び自然遺産を，人類共通の遺産として保護し将来世代へ伝えるために協力することを，国際社会全体の任務とする．本条約の下で，2017年現在，1073カ所の文化遺産及び自然遺産が，「顕著な普遍的価値」を有すると認定され，世界遺産一覧表に登録されている．世界遺産に認定されても，資金的，技術的に保全することが困難な場合もある．また，遺産の価値が著しく損なわれる場合もある．本章では，日本の世界遺産を事例として，「顕著な普遍的価値」とは何かという観点から，世界遺産の概念について理解を深めるために必要な基本事項を学習する．

学習の課題
1．世界遺産，危機遺産とは何かについて考える．
2．日本の世界遺産を事例として，世界遺産認定について理解を深める．

**keyword**
「顕著な普遍的価値」，文化遺産，自然遺産，危機遺産

# 1 世界遺産とは

1972年に「世界の文化遺産及び自然遺産の保護に関する条約（*Convention Concerning the Protection of the World Cultural and Natural Heritage*）」（以下，「世界遺産条約」）が国際連合教育科学文化機関（以下，ユネスコ）の第17回総会にて採択された［UNESCO 1972: 135-136］．この条約は，新たな危険の大きさ及び重大さにかんがみ，特別の重要性を有する文化遺産及び自然遺産を，人類共通の遺産として保護し将来世代へ伝えるために協力することを，国際社会全体の任務とする（前文）．2017年現在，1073ヵ所の文化遺産及び自然遺産が，「顕著な普遍的価値（Outstanding Universal Value）[1]」を有すると認定され，世界遺産一覧表に登録されている[2]．

まず，本節では，世界遺産一覧表への資産登録に至る道筋を辿り，世界遺産とは何かについて考察する[3]．

## 1 国際援助の体制

世界遺産条約の締約国には，「第1条及び第2条に規定する文化遺産及び自然遺産[4]で自国の領域内に存在するものを認定し，保護し，保存し，整備し及び将来の世代へ伝えることを確保すること」が義務付けられている（第4条）（表12-1）．また，締約国は，これらの遺産が「世界の遺産であること並びにその保護について協力することが国際社会全体の義務である」ことを認識しなくてはならない[5]（第6条第1項）．さらに，世界の文化遺産及び自然遺産の国際的保護を，「締約国がその遺産を保存し及び認定するために努力することを支援するための国際的な協力及び援助の体制を確立すること」と規定する（第7条）．そして，この体制の下で，締約国は，「顕著な普遍的価値を有する文化遺産又は自然遺産の一部を構成する資産で自国の領域内に存在するもののため，国際的援助を要請することができる」とされる（第19条）．

## 2 「世界遺産一覧表」への登録

世界遺産条約に基づいて，ユネスコに，「顕著な普遍的価値を有する文化遺産及び自然遺産の保護のための政府間委員会」（以下「世界遺産委員会」[6]）が設置されている（第8条第1項）．世界遺産委員会が，締約国と協力して担う主な機

表12-1　文化遺産と自然遺産の定義

| 第1条 | 第2条 |
| --- | --- |
| 文化遺産 | 自然遺産 |
| ・記念工作物：建築物，記念的意義を有する彫刻及び絵画，考古学的な性質を有する要素又は構造物，金石文，洞窟住居並びにこれらの資産の組合せであって，歴史上，芸術上又は学術上顕著な普遍的価値を有するもの | ・無生物及び生物学的生成物又は生成物群から成る特徴のある自然の地域であって，観賞上又は学術上顕著な普遍的価値を有するもの |
| ・建造物群：独立した又は連続した建造物群であって，その建築様式，均質性又は景観内における位置のために，歴史上，芸術上又は学術上顕著な普遍的価値を有するもの | ・地質学的及び地形学的形成物並びに脅威にさらされている動物及び植物の種の生息地又は自生地として区域が明確に定められている地域であって，学術上又は保存上顕著な普遍的価値を有するもの |
| ・遺跡：人工の所産又は自然と人工との結合の所産，及び考古学的遺跡を含む区域であって，歴史上，芸術上，民俗学上又は人類学上顕著な普遍的価値を有するもの | ・自然地又は区域が明確に定められている自然の地域であって，学術上，保存上又は自然の美観上顕著な普遍的価値を有するもの |

(出所) 世界遺産条約第1条・第2条.

能の1つとして，「暫定リスト及び締約国より提出される登録推薦書に基づいて，条約の下で保護すべき顕著な普遍的価値を有する文化遺産及び自然遺産を認定し，世界遺産一覧表に登録すること」が挙げられる（作業指針I-I.E-24 (a)）.

①締約国による推薦書提出

　締約国は，世界遺産一覧表に登録することが適当だと考える，自国の領域内に存在する資産の目録（「暫定リスト」）を作成する必要がある（作業指針II-II.C-62）．また，暫定リストにすでに記載されているものから，「顕著な普遍的価値」を有すると考えられる文化遺産及び／又は自然遺産について，世界遺産一覧表への登録推薦書を世界遺産委員会に提出しなくてはならない（作業指針II-II.A-50・II-II.C-63）．さらに，世界遺産一覧表に十分に代表されていない顕著な普遍的価値を有する遺産を持つ締約国に対しては，特別な措置が講じられる（作業指針II-II.B-60）．

②世界遺産委員会による決議採択

　世界遺産委員会は，暫定リスト及び登録推薦書に基づき，「第1条及び第2

条に規定する文化遺産又は自然遺産の一部を構成する資産であって，同委員会が自己の定めた基準に照らして顕著な普遍的価値を有すると認めるものの一覧表を『世界遺産一覧表』の表題の下に作成し，常時最新のものとし及び公表する」ことができる（第11条第2項）．同委員会は，**表12-2**に示した基準の1つ以上を満たすとき，当該資産は「顕著な普遍的価値」を有するものとする[7]（作業指針II-II.D-77）．ただし，「顕著な普遍的価値」を有すると認定されるには，当該資産が「完全性／又は真正性の条件」についても満たしていなくてはならない[8]（作業指針II-II.D-78）．また同時に，適切な保護管理体制の下で，「顕著な普遍的価値及び完全性及び／又は真正性の登録時の状態が，将来にわたって維持，強化され」なければならない[9]（作業指針II-II.F-96）．

表12-2 「顕著な普遍的価値」の評価基準

| | |
|---|---|
| (i) | 人類の創造的才能を表す傑作である． |
| (ii) | ある期間を通じて，又は，ある文化圏において，建築，科学技術，記念碑，都市計画，景観設計の発展に影響を与えた，価値観の重要な交流を示すものである． |
| (iii) | 現存する又は消滅した文化的伝統，又は，文明の存在を伝承する無二の又は少なくとも稀な証拠となるもの． |
| (iv) | 人類の歴史上重要な段階を例証する建築物，その集合体又は科学技術の集合体，又は，景観を代表する顕著な見本である． |
| (v) | あるひとつの文化（又は，複数の文化）を代表する伝統的集落，陸上・海上の土地利用の顕著な見本である，又は，人類と環境との交流を示す顕著な見本である（特に，不可逆的な変化の影響によりその存続が危ぶまれているもの）． |
| (vi) | 顕著な普遍的価値を有する出来事，生きた伝統，思想，信仰，芸術的・文学的作品と直接又は実質的関連がある（委員会は，この基準は他の基準と一緒に適用されることが望ましいと考える）． |
| (vii) | 最上級の自然現象，又は，類稀な自然美及び美的な重要性を有する地域を包含する． |
| (viii) | 地球の歴史における主要な段階を示す顕著な見本である．これには，生命進化の記録，地形形成における重要な進行中の地質学的過程，又は，重要な地形学的又は自然地理学的特徴が含まれる． |
| (ix) | 陸上，淡水域，沿岸，及び，海洋の生態系や動植物群集の進化及び発展において，重要な進行中の生態学的，生物学的過程を代表する顕著な見本である． |
| (x) | 生物多様性の生息域内保全にとって最も重要な自然の生息地を包含する．これには，学術上又は保全上の観点から，顕著な普遍的価値を有する絶滅のおそれのある種の生息地が含まれる． |

(出所) 作業指針II-II.D-77.

締約国によって登録推薦された資産が「顕著な普遍的価値」を持つか，完全性及び／又は真正性の条件を満たしているか，また，保護管理上の要件を満たしているかについての審査は，実際には，世界遺産委員会の諮問機関が行う[10]（作業指針III-III.E-143）．世界遺産委員会は，諮問機関より提出された審査報告に基づいて，資産を世界遺産一覧表に登録すべきか登録すべきではないか，情報照会を要求すべきか，もしくは，登録延期にすべきかについて決議する（作業指針III-III.E-151・III-III.G-153）．

### 3　「危機遺産一覧表」への登録

条約第11条第4項に従って，世界遺産委員会は，世界遺産一覧表に登録されている資産であり，「重大かつ特別な危険」[11]に瀕しており，保存するために大規模な作業が必要とされ，かつ，この条約に基づく援助が当該資産に対して要請されていると判断した場合，資産を「危機にさらされている世界遺産一覧表」（「危機遺産一覧表」）に登録することができる（作業指針IV-IV.B-177）（表12-3）．

世界遺産委員会は，締約国に対して，諮問機関との協力の下，世界遺産一覧表の登録資産を保存するための取り組みの進捗状況に関するモニタリング及び報告を実施することを要請できる（作業指針IV-IV.A-171）．締約国から提出された保全状況報告書に基づいて，同委員会は，資産の状態について，上述した登録のための要件，及び，基準に当てはまる場合に，危機遺産一覧表に資産を登録することを決議する[12]（作業指針IV-IV.A-176 (c)）（表12-4，表12-5）．

## 2　日本の世界遺産

本節では，日本の世界遺産を事例として，どの評価基準（以下，基準）（表12-2）が適用されたのかについて，文化遺産，自然遺産，及び，近年の登録それぞれの場合に分けて考察する（表12-6）．

### 1　文化遺産

基準（i）から（vi）に基づいて推薦される資産を文化遺産という．第17回世界遺産委員会（1993年）は，「法隆寺地域の仏教建造物群」を，世界遺産一覧表に登録することを決議した[13]．まず，「意匠全体及び装飾の両面における木造建築の傑作」であるという諮問機関の見解を踏まえて，基準（i）「人類の創造

## 表12-3　危機遺産一覧表（2017年10月現在）

文：文化遺産　　自：自然遺産

| | 危機遺産登録年 | 世界遺産登録年 | 種別 | 遺産名 | 国名 |
|---|---|---|---|---|---|
| 1 | 1982 | 1981 | 文 | エルサレムの旧市街とその城壁群<br>Old City of Jerusalem and its Walls | エルサレム（ヨルダン・ハシェミット王国による申請遺産） |
| 2 | 1986 | 1986 | 文 | チャン・チャン遺跡地帯<br>Chan Chan Archaeological Zone | ペルー共和国 |
| 3 | 1992 | 1981 | 自 | ニンバ山厳正自然保護区<br>Mount Nimba Strict Nature Reserve | ギニア共和国及びコートジボワール共和国 |
| 4 | 1992 | 1991 | 自 | アイル・テネレ自然保護区<br>Air and Ténéré Natural Reserves | ニジェール共和国 |
| 5 | 1994 | 1979 | 自 | ヴィルンガ国立公園<br>Virunga National Park | コンゴ民主共和国 |
| 6 | 1984-1992<br>1996 | 1980 | 自 | ガランバ国立公園<br>Garamba National Park | コンゴ民主共和国 |
| 7 | 1997 | 1980 | 自 | カフジ-ビエガ国立公園<br>Kahuzi-Biega National Park | コンゴ民主共和国 |
| 8 | 1997 | 1988 | 自 | マノヴォ-グンダ・サン-フローリス国立公園<br>Manovo-Gounda St Floris National Park | 中央アフリカ共和国 |
| 9 | 1997 | 1996 | 自 | オカピ野生生物保護区<br>Okapi Wildlife Reserve | コンゴ民主共和国 |
| 10 | 1999 | 1984 | 自 | サロンガ国立公園<br>Salonga National Park | コンゴ民主共和国 |
| 11 | 2000 | 1993 | 文 | 古都ザビード<br>Historic Town of Zabid | イエメン共和国 |
| 12 | 2001 | 1979 | 文 | アブ・メナ<br>Abu Mena | エジプト・アラブ共和国 |
| 13 | 2002 | 2002 | 文 | ジャムのミナレットと考古遺跡群<br>Minaret and Archaeological Remains of Jam | アフガニスタン・イスラム共和国 |
| 14 | 2003 | 2003 | 文 | バーミヤン渓谷の文化的景観と古代遺跡群<br>Cultural Landscape and Archaeological Remains of the Bamiyan Valley | アフガニスタン・イスラム共和国 |
| 15 | 2003 | 2003 | 文 | アッシュール（カラット・シェルカット）<br>Ashur (Qal'at Sherqat) | イラク共和国 |
| 16 | 2005 | 1993 | 文 | コロとその港<br>Coro and its Port | ベネズエラ・ボリバル共和国 |
| 17 | 2005 | 2005 | 文 | ハンバーストーンとサンタ・ラウラ硝石工場群<br>Humberstone and Santa Laura Saltpeter Works | チリ共和国 |

第 12 章 世界遺産とは何か

| | | | | | |
|---|---|---|---|---|---|
| 18 | 2006 | 2004 | 文 | コソボの中世建造物群<br>Medieval Monuments in Kosovo | セルビア共和国 |
| 19 | 2007 | 1981 | 自 | ニョコロ-コバ国立公園<br>Niokolo-Koba National Park | セネガル共和国 |
| 20 | 2007 | 2007 | 文 | 都市遺跡サーマッラー<br>Samarra Archaeological City | イラク共和国 |
| 21 | 2009 | 1996 | 自 | ベリーズのバリア・リーフ保護区<br>Belize Barrier Reef Reserve System | ベリーズ |
| 22 | 1993–2007<br>2010 | 1979 | 自 | エバーグレーズ国立公園<br>Everglades National Park | アメリカ合衆国 |
| 23 | 2010 | 2001 | 文 | カスビのブガンダ歴代国王の墓<br>Tombs of Buganda Kings at Kasubi | ウガンダ共和国 |
| 24 | 2010 | 2007 | 自 | アツィナナナの雨林群<br>Rainforests of the Atsinanana | マダガスカル共和国 |
| 25 | 1996–2007<br>2011 | 1982 | 自 | リオ・プラタノ生物圏保護区<br>Rio Plátano Biosphere Reserve | ホンジュラス共和国 |
| 26 | 2011 | 2004 | 自 | スマトラの熱帯雨林遺産<br>Tropical Rainforest Heritage of Sumatra | インドネシア共和国 |
| 27 | 2012 | 1980 | 文 | パナマのカリブ海沿岸の要衝群：ポルトベロとサン・ロレンソ<br>Fortifications on the Caribbean Side of Panama: Portobelo-San Lorenzo | パナマ共和国 |
| 28 | 1990–2005<br>2012 | 1988 | 文 | トンブクトゥ<br>Timbuktu | マリ共和国 |
| 29 | 2012 | 2004 | 文 | アスキアの墓<br>Tomb of Askia | マリ共和国 |
| 30 | 2012 | 2004 | 文 | リヴァプール-海商都市<br>Liverpool - Maritime Mercantile City | 英国（グレートブリテン及び北アイルランド連合王国） |
| 31 | 2012 | 2012 | 文 | イエス生誕の地：ベツレヘムの聖誕教会と巡礼路<br>Birthplace of Jesus: Church of the Nativity and the Pilgrimage Route, Bethlehem | パレスチナ自治政府 |
| 32 | 2013 | 1979 | 文 | 古代都市ダマスカス<br>Ancient City of Damascus | シリア・アラブ共和国 |
| 33 | 2013 | 1980 | 文 | 古代都市ボスラ<br>Ancient City of Bosra | シリア・アラブ共和国 |
| 34 | 2013 | 1980 | 文 | パルミラ遺跡<br>Site of Palmyra | シリア・アラブ共和国 |
| 35 | 2013 | 1986 | 文 | 古代都市アレッポ<br>Ancient City of Aleppo | シリア・アラブ共和国 |
| 36 | 2013 | 2006 | 文 | クラック・デ・シュヴァリエとカル-エッサラー・エル-ディン<br>Crac des Chevaliers and Qal'at Salah El-Din | シリア・アラブ共和国 |

| | | | | | |
|---|---|---|---|---|---|
| 37 | 2013 | 2011 | 文 | シリア北部の古代村落群<br>Ancient Villages of Northern Syria | シリア・アラブ共和国 |
| 38 | 2013 | 1998 | 自 | 東レンネル<br>East Rennell | ソロモン諸島 |
| 39 | 2014 | 1982 | 自 | セルース鳥獣保護区<br>Selous Game Reserve | タンザニア連合共和国 |
| 40 | 2014 | 1987 | 文 | ポトシ市街<br>City of Potosí | ボリビア多民族国 |
| 41 | 2014 | 2014 | 文 | パレスチナ:オリーブとワインの地－エルサレム南部バティールの文化的景観<br>Palestine: Land of Olives and Vines - Cultural Landscape of Southern Jerusalem, Battir | パレスチナ自治政府 |
| 42 | 2015 | 1985 | 文 | ハトラ<br>Hatra | イラク共和国 |
| 43 | 2015 | 1986 | 文 | サナア旧市街<br>Old City of Sana'a | イエメン共和国 |
| 44 | 2015 | 1982 | 文 | シバームの旧城壁都市<br>Old Walled City of Shibam | イエメン共和国 |
| 45 | 2016 | 1982 | 文 | クーリナの古代遺跡<br>Archaeological Site of Cyrene | リビア |
| 46 | 2016 | 1982 | 文 | レプティス・マグナの古代遺跡<br>Archaeological Site of Leptis Magna | リビア |
| 47 | 2016 | 1982 | 文 | サブラータの古代遺跡<br>Archaeological Site of Sabratha | リビア |
| 48 | 2016 | 1986 | 文 | ガダーミスの旧市街<br>Old Town of Ghadamès | リビア |
| 49 | 2016 | 1985 | 文 | タドラット・アカクスのロック・アート遺跡群<br>Rock-Art Sites of Tadrart Acacus | リビア |
| 50 | 2016 | 1988 | 文 | ジェンネ旧市街<br>Old Towns of Djenné | マリ共和国 |
| 51 | 2016 | 2016 | 文 | ナン・マドール:東ミクロネシアの儀式の中心地<br>Nan Madol: Ceremonial Centre of Eastern Micronesia | ミクロネシア連邦 |
| 52 | 2016 | 2000 | 文 | シャフリサブス歴史地区<br>Historic Centre of Shakhrisyabz | ウズベキスタン共和国 |
| 53 | 2017 | 2001 | 文 | ウィーン歴史地区<br>Historic Centre of Vienna | オーストリア共和国 |
| 54 | 2017 | 2017 | 文 | ヘブロン／アル＝ハリール旧市街<br>Hebron/Al-Khalil Old Town | パレスチナ自治政府 |

(出所) 世界遺産センター提供資料, 世界遺産委員会資料等に基づいて, 筆者作成.

第12章 世界遺産とは何か

表12-4 「危機遺産一覧表」への登録基準──文化遺産の場合

| a) 確実な危険 | b) 潜在的な危険 |
|---|---|
| 資産が，以下に示すような，明確かつ証明された，差し迫った危険に直面している場合： | 資産が，以下に示すような，資産固有の特徴に有害な影響を与え得る脅威に直面している場合： |
| i) 材料の重大な劣化<br>ii) 構造及び/又は装飾上の特徴の重大な劣化<br>iii) 建築上又は都市計画上の一貫性の重大な劣化<br>iv) 都市空間又は田園空間の重大な劣化，或いは，自然環境の重大な劣化<br>v) 歴史的真正性の重大な喪失<br>vi) 文化的意義の重大な喪失 | i) 保護の程度を弱くするような資産の法的位置づけの変更<br>ii) 保全政策の欠如<br>iii) 地域計画事業による影響<br>iv) 都市計画による影響<br>v) 武力紛争の勃発又は恐れ<br>vi) 気候的要因，地質学的要因，その他の環境要因による影響 |

(出所) 作業指針IV-IV.B-179.

表12-5 「危機遺産一覧表」への登録基準──自然遺産の場合

| a) 確実な危険 | b) 潜在的な危険 |
|---|---|
| 資産が，以下に示すような，明確かつ証明された，差し迫った危険に直面している場合： | 資産が，以下に示すような，資産固有の特徴に有害な影響を与え得る脅威に直面している場合： |
| i) 病気などの自然的要因又は密猟・密漁などの人為的要因による，資産が法的保護下に置かれる根拠となった顕著な普遍的価値を有する絶滅危惧種又はその他の生物種の個体数の著しい減少<br>ii) 人間の定住，資産の重要部分を浸水させる貯水池の建設，工業・農業開発（農薬及び化学肥料の使用，大規模な公共事業，採掘，汚染，伐採，薪の採取等）等による，資産の自然美又は科学的価値の重大な低下<br>iii) 資産の完全性を脅かす，境界又は上流域への人間の侵入 | i) 指定地域の法的な保護状態の変更<br>ii) 資産の範囲内又は資産を脅かす影響を有するような場所における再定住計画又は開発計画<br>iii) 武力紛争の勃発又は恐れ<br>iv) 管理計画又は管理体制の欠如，又は，不備，或いは，不十分な履行<br>v) 気候的要因，地質学的要因，その他の環境要因による影響 |

(出所) 作業指針IV-IV.B-180.

表12-6　日本の世界遺産（2017年10月現在）

| 遺産名 | 登録年 | 評価基準 |
|---|---|---|
| 法隆寺地域の仏教建造物群<br>Buddhist Monuments in the Horyu-ji Area | 1993年 | (i) (ii) (iv) (vi) |
| 姫路城<br>Himeji-jo | 1993年 | (i) (iv) |
| 屋久島<br>Yakushima | 1993年 | (vii) (ix) |
| 白神山地<br>Shirakami-Sanchi | 1993年 | (ix) |
| 古都京都の文化財<br>Historic Monuments of Ancient Kyoto (Kyoto, Uji and Otsu Cities) | 1994年 | (ii) (iv) |
| 白川郷・五箇山の合掌造り集落<br>Historic Villages of Shirakawa-go and Gokayama | 1995年 | (iv) (v) |
| 広島平和記念碑（原爆ドーム）<br>Hiroshima Peace Memorial (Genbaku Dome) | 1996年 | (vi) |
| 厳島神社<br>Itsukushima Shinto Shrine | 1996年 | (i) (ii) (iv) (vi) |
| 古都奈良の文化財<br>Historic Monuments of Ancient Nara | 1998年 | (ii) (iii) (iv) (vi) |
| 日光の社寺<br>Shrines and Temples of Nikko | 1999年 | (i) (iv) (vi) |
| 琉球王国のグスク及び関連遺産群<br>Gusuku Sites and Related Properties of the Kingdom of Ryukyu | 2000年 | (ii) (iii) (vi) |
| 紀伊山地の霊場と参詣道<br>Sacred Sites and Pilgrimage Routes in the Kii Mountain Range | 2004年 | (ii) (iii) (iv) (vi) |
| 知床<br>Shiretoko | 2005年 | (ix) (x) |
| 石見銀山遺跡とその文化的景観<br>Iwami Ginzan Silver Mine and its Cultural Landscape | 2007年 | (ii) (iii) (v) |
| 小笠原諸島<br>Ogasawara Islands | 2011年 | (ix) |
| 平泉－仏国土（浄土）を表す建築・庭園及び考古学的遺跡群<br>Hiraizumi - Temples, Gardens and Archaeological Sites Representing the Buddhist Pure Land | 2011年 | (ii) (vi) |
| 富士山－信仰の対象と芸術の源泉<br>Fujisan, sacred place and source of artistic inspiration | 2013年 | (iii) (vi) |
| 富岡製糸場と絹産業遺産群<br>Tomioka Silk Mill and Related Sites | 2014年 | (ii) (iv) |

| | | |
|---|---|---|
| 明治日本の産業革命遺産 製鉄・製鋼, 造船, 石炭産業<br>Sites of Japan's Meiji Industrial Revolution: Iron and Steel, Shipbuilding and Coal Mining | 2015年 | (ii) (iv) |
| ル・コルビュジエの建築作品－近代建築運動への顕著な貢献<br>The Architectural Work of Le Corbusier, an Outstanding Contribution to the Modern Movement | 2016年 | (i) (ii) (vi) |
| 「神宿る島」宗像・沖ノ島と関連資産群<br>Sacred Island of Okinoshima and Associated Sites in the Munakata Region | 2017年 | (ii) (iii) |

(出所) 世界遺産センター提供資料, 世界遺産委員会資料等に基づいて, 筆者作成.

的才能を表す傑作である」を満たすとした[14]. また, 本遺産は,「日本における, 仏教伝来直後にまで遡る最も初期の時代における仏教建造物群であり, その後の宗教建築に甚大な影響を与えた」という理由で, 基準 (ii)「ある期間を通じて, 又は, ある文化圏において, 建築, 科学技術, 記念碑, 都市計画, 景観建設の発展に影響を与えた, 価値観の重要な交流を示すものである」に該当すると判断した[15]. さらに, 基準 (iv)「人類の歴史上重要な段階を例証する建築物, その集合体又は科学技術の集合体, 又は, 景観を代表する顕著な見本である」の適用に関して, 諮問機関は,「法隆寺の建造物群は, 中国仏教建築及び寺院配置の日本文化への適応, 及び, その結果, 独特な地域固有の発展様式を示している」との見解を示した[16]. そして, 同委員会は,「日本への仏教の伝来及び聖徳太子による普及は, この文化圏での仏教の普及における重要な段階である」との見解に基づいて, 基準 (vi)「顕著な普遍的価値を有する出来事, 生きた伝統, 思想, 信仰, 芸術的・文学的作品と直接又は実質的関連がある (委員会は, この基準は他の基準と一緒に適用されることが望ましいと考える)」を満たすとした[17]. 同年には,「姫路城」が,「木造建築の傑作」であり (基準 (i)),「日本における木造城郭建築の最高点を示しており, すべての特徴が完全な状態で保存されている」(基準iv) との諮問機関の見解を踏まえて, 世界遺産に認定された[18].

1995年には,「白川郷と五箇山の合掌造り」が, 日本で初めて基準 (v)「あるひとつの文化 (又は, 複数の文化) を代表する伝統的集落, 陸上・海上の土地利用の顕著な見本である. 又は, 人類と環境との交流を示す顕著な見本である (特に, 不可逆的な変化の影響によりその存続が危ぶまれているもの)」を満たす世界遺産に認定された[19]. 第19回世界遺産委員会は,「白川郷と五箇山の歴史的な集落は, 環境に完璧に適応した伝統的な人間居住の顕著な見本である」(基準 (iv)・(v)) と判断した[20].

さらに，第20回世界遺産委員会（1996年）は，「人類史上例のない破壊的な原爆の投下以降，半世紀以上にわたって，世界平和の達成を力強く訴える純然たる象徴である」との諮問機関の見解を踏まえて，例外的に，基準（vi）のみの適用に基づき，「広島平和記念碑（原爆ドーム）」の世界遺産一覧表への登録を認めた[21]．

1998年には，日本で初めて基準（iii）「現存する又は消滅した文化的伝統，又は，文明の存在を伝承する無二の又は少なくとも稀な証拠となるもの」を満たす世界遺産が誕生した．第22回世界遺産委員会は，「奈良が首都であった時代に花咲いた日本文化が，その建築遺産によって独自に証明されている」との見解を根拠の1つとして，「古都奈良の文化財」を世界遺産一覧表に登録することを決定した[22]．2000年には，第24回世界遺産委員会において，「琉球王国のグスク及び関連遺産群」の世界遺産登録が決定された[23]．その根拠の1つとして，「琉球王国の文化は，特別な政治的，経済的な環境において独自に発達し花開いたため，この地方固有の特性を有するに至った」（基準（iii））との見解が示された[24]．

第28回世界遺産委員会（2004年）は，「紀伊山地の霊場と参詣道」について，「紀伊山地の文化的景観を形成する記念建造物と遺跡は，神道と仏教とが独特に融合してできたものであり，東南アジアにおける宗教文化の関わり合いと展開を示している」（基準（ii））との見解を示した．ここで適用された「文化的景観（Cultural Landscape）」とは，「文化的資産であって，条約第1条のいう『自然と人工との結合の所産（combined works of nature and of man）[25]』に相当するものである．人間社会又は人間の居住地が，自然環境による物理的制約及び／又は機会の下で，社会的，経済的，文化的な内外の力に継続的に影響されながら，どのような進化をたどってきたのかを例証するものである」（作業指針II-II.A-47）．また，第31回世界遺産委員会（2007年）は，「石見銀山遺跡とその文化的景観」について，「銀鉱石が枯渇しその生産が終了すると，結果的に，銀鉱山に関する文化的景観が豊かな特徴ある自然の中に残されることになった」と述べた[26]．

## 2　自然遺産

登録基準（vii）から（x）に基づいて推薦される資産を自然遺産という．第17回世界遺産委員会（1993年）は，「屋久島」と「白神山地」を世界遺産一覧表に登録することを決議した[27]．まず，両遺産について，基準（ix）「陸上，淡水域，

沿岸，及び，海洋の生態系や動植物群の進化及び発展において，重要な進行中の生態学的，生物学的過程を代表する顕著な見本である」が該当すると判断された.[28] また，「屋久島」は，日本の世界遺産で初めて基準（vii）「最上級の自然現象，又は，類稀な自然美及び美的な重要性を有する地域を包含する」が適用された事例である.

第29回世界遺産委員会（2005年）は，「知床」を世界遺産一覧表に登録することを決定した.[29] 本遺産は，基準（x）「生物多様性の生息域内保全にとって最も重要な自然の生息地を包含する．これには，学術上又は保全上の観点から，顕著な普遍的価値を有する絶滅のおそれのある種の生息地が含まれる」が，日本の世界遺産で初めて適用された事例である.[30] 同委員会は，本資産は，「数多くの海洋種及び陸上種にとって特別な重要性を有する」ものとし，「地球規模で脅威にさらされている海鳥の生息地として重要であり，また，渡り鳥にとって地球規模で重要な地域の一つである」（基準（x））と述べた.[31]

さらに，第35回世界遺産委員会（2011年）は，小笠原諸島の生態系は，「南東アジア及び北西アジアの両方に起源を持つ植物種群を通じて例証される一連の進化プロセスを表わして」おり，「その結果として，高い割合を占める固有種が生息する」（基準（ix））との見解に基づいて，「小笠原諸島」を世界遺産一覧表に登録することを決議した.[32]

## 3　近年の登録

第37回世界遺産委員会（2013年）は，基準（iii）・(vi）を満たす文化遺産として，「富士山—信仰の対象と芸術の源泉」の世界遺産一覧表への登録を決議した.[33]

翌年には，第38回世界遺産委員会において，「富岡製糸場と絹産業遺産群」が，「19世紀末から20世紀初頭にかけて建設された歴史上有名な養蚕及び絹工場群」と判断され，世界遺産一覧表に登録された.[34]

第39回世界遺産委員会（2015年）は，「19世紀半ばから20世紀初頭において，製鉄・鉄鋼業，造船，石炭産業の発展を通じて，国家が急速な工業化を達成した証拠である」との見解を示し，「明治日本の産業革命遺産　製鉄・製鋼，造船，石炭産業」を世界遺産一覧表に登録することを決議した.[35]

第40回世界遺産委員会（2016年）は，「ル・コルビュジエの建築作品—近代建築運動への顕著な貢献」を，7カ国（アルゼンチン，ベルギー，フランス，ドイツ，インド，日本，スイス）にまたがる遺産として世界遺産一覧表に登録することを

決定した.[36]

そして,第41回世界遺産委員会(2017年)は,「『神宿る島』宗像・沖ノ島と関連資産群」を基準(ii)・(iii)を満たすものとし,世界遺産一覧表に登録することを決議した.[37]

## おわりに

　世界遺産条約の締約国は,条約に規定される文化遺産及び自然遺産を,人類共通の遺産として,保護し将来世代へ伝えるために協力することが国際社会全体の任務であることを認識しなくてはならない.世界遺産に認定されても,資金的,技術的に保全することが困難な場合もある.また,遺産の価値が著しく損なわれる場合もある.遺産を脅威にさらす要因に着目して,登録遺産の管理・保護に関する現状と課題について検討することが求められよう.日本の世界遺産について認められた「顕著な普遍的価値」は,ある特定の文化的,自然的な枠組みにおいて,いかなる危機に瀕していると認識されるのか.それは,「危機遺産」との関わりの中で,どのように説明されるのか.世界遺産の管理・保護の方法と実践に関する国際比較分析を通じて,世界遺産の意義を論じるための糸口をつかみたい.

注

1 )「世界遺産条約履行のための作業指針the *Operational Guidelines for the Implementation of the World Heritage Convention*」(WHC.17/01 12 July 2017, Paris: UNESCO World Heritage Centre)(以下,「作業指針」)によると,「顕著な普遍的価値」とは,「国家間の境界を超越し,人類全体にとって現代及び将来世代に共通した重要性をもつような,傑出した文化的な意義及び/又は自然的な価値を意味する.従って,そのような遺産を恒久的に保護することは国際社会全体にとって最高水準の重要性を有する」とされる(作業指針II-IIA-49).

2 ) World Heritage Centre「World Heritage List」(http://whc.unesco.org/en/list/, 2017年11月26日閲覧).

3 ) 世界遺産認定に影響を及ぼす要因に着目した考察については,片瀬[2011:113-132]を参照されたい.危機遺産とは何かという観点からの考察については,片瀬[2016:19-23]を参照されたい.また,片瀬[2014: 133-146]では,世界遺産条約が誕生した背景に着目して,国立公園の理念が,世界遺産,さらには危機遺産の概念に与えた影響が検

討されている.

4) 「文化遺産及び自然遺産の定義(の一部)の両方を満たす場合」は,「複合遺産(mixed cultural and natural heritage)」として取り扱うものとされる(作業指針II-II.A-46).

5) この場合,「これらの遺産が領域内に存在する国の主権は,十分に尊重されるものとし,また,国内法令に定める財産権は,害されるものではない」とする(第6条第1項).

6) 世界遺産委員会は,「ユネスコ総会の通常会期の間に開催される締約国会議において選出される15の締約国によって構成される.同委員会の構成国の数は,この条約が少なくとも40の国について効力を生じた後最初に開催される総会の通常会期の日からは21とする」と規定される(第8条第1項).

7) 表12-2に記した基準は,以前は,文化遺産のための基準 (i) – (vi) 及び自然遺産のための基準 (i) – (iv) の2つに分けられていた.第6回世界遺産委員会の特別会合において,これら10個の基準をひとまとめにすることが決議された(Decision 6 EXT. COM 5.1)(作業指針II-II.D-77).

8) 完全性(integrity)とは,「自然遺産及び/又は文化遺産とそれらの属性が完全で損なわれていないかに関する度合いを測るためのものさしである」とされる(作業指針II-II.E-88).一方,「顕著な普遍的価値」の評価基準 (i) から (vi) に基づいて推薦される資産については,真正性(authenticity)の条件を満たすことが求められている(作業指針II-II.E-79).

9) 資産及びその「顕著な普遍的価値」の全般的な保全状態に関する定期的な再検討は,世界遺産のモニタリング(リアクティブ・モニタリング〔作業指針IV-IV.A-169-176参照〕及び定期報告〔作業指針V-V.A-199-210参照〕)を通じて実施される(作業指針I-I.E-24(6)・II-II.F-96).また,世界遺産一覧表に登録されているすべての資産について,適切な長期的立法措置,規制措置,制度的措置,及び/又は伝統的手法により,確実に保護管理が行われなければならない.その際,適切な保護範囲(境界)が設定されなければならない(作業指針II-II.F-97).

10) 世界遺産委員会の諮問機関は,文化財保存修復研究国際センター(イクロム)(International Centre for the Study of the Preservation and Restoration of Cultural Property: ICCROM),国際記念物遺跡会議(イコモス)(International Council on Monuments and Sites: ICOMOS),そして,国際自然保護連合(International Union for Conservation of Nature: IUCN)である(作業指針I-I.G-30).文化遺産に関する登録推薦の審査については,ICOMOSが行う.一方,自然遺産については,IUCNが行う(作業指針III-III.E-144・145).また,「文化的景観(Cultural Landscape)」に分類される文化遺産の登録推薦については,ICOMOSがIUCNと適宜協議しながら審査を行う.複合遺産の場合は,ICOMOSとIUCNが共同で審査を行う(作業指針III-III.E-146).尚,「文化的景観」については,本文中で後述する.

11）このような「重大かつ特別な危険」には、「損壊の進行、大規模な公的又は私的な事業、急激な都市開発又は観光開発のための事業による滅失の脅威；土地の利用又は所有権の変更に起因する破壊；未詳の原因による重大な変更；各種の理由による放棄；武力紛争の発生又は脅威；災禍及び大変動；大火、地震、地すべり；火山の噴火；水位の変化、洪水及び津波」が含まれる（第11条第4項）。
12）この段階において、世界遺産委員会は、世界遺産一覧表への登録を決定付けた資産の特徴が失われるほど状態が悪化していた場合、同一覧表から当該資産を抹消することを決議する場合もある（作業指針IV-IV.A-176（d））。また、危機遺産の登録申請について、関係諮問機関によって「世界遺産登録基準を疑いの余地なく満たす」と判定された資産であり、「自然現象や人為的活動により、実際に損害を受けている」、あるいは、「重大かつ特別な危険に直面している」場合には、緊急的登録推薦として処理され、世界遺産一覧表と危機遺産一覧表の両方に同時に登録される場合もある（作業指針III-III.H-161）。
13）第17回世界遺産委員会資料 WHC-93/CONF.002/14（4 February 1994), p. 38.
14）ICOMOS（1993）*Advisory Body Evaluation*（No. 660）（http://whc.unesco.org/en/list/660/documents/, 2017年11月26日閲覧）。
15）同上。
16）同上。
17）同上。
18）第17回世界遺産委員会資料 WHC-93/CONF.002/14（4 February 1994), p. 37; ICOMOS（1993）*Advisory Body Evaluation*（No. 661）（http://whc.unesco.org/en/list/661/documents/, 2017年11月26日閲覧）。
19）第19回世界遺産委員会資料 WHC-95/CONF.203/16（31 January 1996), p. 47.
20）同上。
21）第20回世界遺産委員会資料 WHC-96/CONF.201/21（10 March 1997), p. 69; ICOMOS（1996）*Advisory Body Evaluation*（No. 775）（http://whc.unesco.org/en/list/775/documents/, 2017年11月26日閲覧）。
22）第22回世界遺産委員会資料 WHC-98/CONF.203/18（Paris, 29 January 1999), p. 30.
23）第24回世界遺産委員会資料 WHC-2000/CONF.204/21（Paris, 16 February 2001), p. 45.
24）第24回世界遺産委員会資料 WHC-2000/CONF.204/21（Paris, 16 February 2001), p. 45.
25）「自然と人間との共同作品」と訳されることが多いようである。
26）第31回世界遺産委員会資料 WHC-07/31.COM/24（Paris, 31 July 2007), p. 156.
27）第17回世界遺産委員会資料 WHC-93/CONF.002/14（4 February 1994), p. 38.
28）第17回世界遺産委員会資料 WHC-93/CONF.002/14（4 February 1994), p. 38.

29) 第29回世界遺産委員会資料 WHC-05/29.COM/22 (Paris, 9 September 2005), pp. 114-115.
30) 同上.
31) 第29回世界遺産委員会資料 WHC-05/29.COM/22 (Paris, 9 September 2005), p. 115.
32) 第35回世界遺産委員会資料 WHC-11/35.COM/20 (Paris, 7 July 2011), pp. 179-181.
33) 第37回世界遺産委員会資料 WHC-13/37.COM/20 (Paris, 5 July 2013), pp. 191-195.
34) 第38回世界遺産委員会資料 WHC-14/38.COM/16 (Doha, 7 July 2014), pp. 209-210.
35) 第39回世界遺産委員会資料 WHC-15/39.COM/19 (Bonn, 8 July 2015), pp. 177-180. 本遺産は,「連続性のある資産(serial properties)」(作業指針III-III.C-137)として登録された.「連続性のある資産」とは,1つの締約国の領域内に全体が位置する場合もあれば(「連続性のある資産(serial national property)」),異なる締約国の領域に位置する場合もある(「連続性のある国境を越える資産(serial transnational property)」)(作業指針III-III.C-138).
36) 第40回世界遺産委員会資料 WHC-16/40.COM/19 (Paris, 15 November 2016), pp. 231-235.「国立西洋美術館本館」は本遺産の構成資産の1つとして登録された(WHC-16/40.COM/19, p. 234).
37) 第41回世界遺産委員会資料 WHC-17/41.COM/18B (Krakow, 12 July 2017), pp. 212-214.

### 参考文献

片瀬葉香 [2011]「『世界遺産』認定制度の成立・変遷過程に関する一考察」『商経論叢』51(2).
――― [2014]「世界遺産とツーリズムに関する一考察――国立公園の理念とその意義――」『法政論叢』51(1).
――― [2016]「世界における危機遺産の現状と課題に関する一考察」『商経論叢』56(3).

UNESCO [1972] *Records of the General Conference, seventeenth session Volume 1, Resolutions-Recommendations (Paris, 17 October to 21 November 1972)* (http://unesdoc.unesco.org/images/0011/001140/114044E.pdf, 2017年11月26日閲覧).

# 第13章
## 九州とアジア観光

◎要約

　一人当たりの名目GDPが5000米ドルを超えると海外旅行，ブランド品の消費が増えると言われるが，既に東南アジアの多くの国の経済力はその水準を超えており，さらに日本の制度面のビザ緩和・免除やLCC，クルーズなどの装置面の発達により，訪日外国人のさらなる増加が予想される．特に東南アジアの経済成長に伴う海外旅行者の大幅な増加が見込まれ，世界的に誘致競争が繰り広げられることも予想される．九州の訪日外国人旅行は韓国人旅行者と中国人のクルーズ客によって支えられている面があるが，今後は九州が1つとなって地域資源の有効活用，効果的なプロモーションの展開を図り，マーケットの多様化と外国人旅行者の増加につなげていく必要がある．また，不足する宿泊施設を含めたインフラ，ガイド不足などの受け入れ態勢をどうするのか，外国人延べ宿泊者数の6割以上を占める関東，近畿地方以外への誘致促進をどうするべきかなど，検討すべき課題も多い．

学習の課題
1. アジアの国の中から九州の市町村と姉妹都市関係を結んでいる国を1つ選んでどのような国際交流が行われているか調べてみよう．
2. 博多港に寄港するクルーズ船の中から外国籍船と日本籍船を選んで，それぞれの周遊コースと福岡でのツアープランについて調べてみよう．
3. 九州の都市の中で外国人旅行者が多いところはどこか，どこの国からが多いのか調べてみよう．

**keyword**
東アジア，東南アジア，訪日外国人旅行，ハラル，クルーズ船，域内観光，UNWTO，JNTO

# 1 アジアの地域区分

アジアには，人口の多い国が多い．世界最多人口1位・2位を占める中国，インドを始めとして，日本・インドネシア・フィリピン・バングラデシュ・パキスタンなど億の人口を抱える国も多く，世界人口約73億人（2015年）の6割以上がアジアに集まっている．

アジアは，広大な地域をひとまとまりにしてアジアと位置づけるには，民族，文化，宗教，言語の面においてあまりにも多様であるが，国連による世界地理区分によると，ユーラシア大陸の欧州以外の広い部分を占めるアジア州は，5つの地域に分けられる（図13-1）．世界観光機関（UNWTO）[1]が発表する国際観光客到着数は，「ヨーロッパ」，「米国」，「アジア太平洋」，「アフリカ」，「中東」の5つの地域別で分類されている．この中の「アジア太平洋」は，東北アジア（または北東アジア），東南アジア，南アジア，オセアニアに分けられている．

海外からの外国人旅行者の誘致活動を行うJNTO（Japan National Tourism

【東アジア】・中国・韓国・モンゴル・北朝鮮
【東南アジア】・ベトナム・タイ・マレーシア・インドネシア・フィリピンなど
【南アジア】・インド・パキスタンなど
【中央アジア】・カザフスタン・アフガニスタンなど
【西アジア】・サウジアラビア・イラク・イランなど

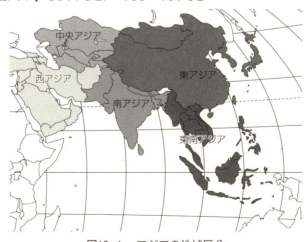

図13-1　アジアの地域区分

Organization：日本政府観光局）では，アジア，ヨーロッパ，アフリカ，北アメリカ，南アメリカ，オセアニア，その他に分類し，アジアを東アジア（韓国・中国・台湾・香港）と東南アジア（タイ・シンガポール・マレーシア・インドネシア・フィリピン・ベトナム）＋インドに市場区分している．

## 2　日本の国際観光と訪日外国人旅行

### 1　訪日外国人旅行者6000万人時代の始まり

　2003年に観光立国が打ち出されてから十数年で，観光は産業として，また成長戦力の柱として位置づけられるようになったが，特に成長著しい訪日外国人旅行を地域の活性化やビジネスチャンスと捉え，本腰を入れて取り組もうとする自治体，企業，起業家などが増えている．大手百貨店の免税店開設からゲストハウスなどの宿泊施設，海外展開のネット予約サイト，地域の体験メニューの開発など，多様な形態でビジネスに取り込もうとする動きが顕在化している．訪日外国人旅行者が増え，それに対応する新規の集客施設やサービスが増えることは，受け入れ環境の整備やノウハウの蓄積という点においても意味がある．日本の持っている魅力が海外に十分伝わっていないという諸説からしても観光関連ビジネスの隆盛はさらなるの増加に寄与するからである．

　海外旅行が自由化される1964年から2016年までの日本人海外旅行者数と訪日外国人旅行者数の推移をみると，1970年まで日本人海外旅行者数に比べて訪日外国人旅行者数が多かったが，71年に逆転し，2015年に再び訪日外国人旅行者数が日本人海外旅行者数より多くなっている．2016年3月，政府は観光ビジョン構想会議で訪日外国人観光客数を2020年に4000万人，30年に6000万人とする方針を示した．2013年に1000万人を突破した時点では，2020年までに年間2000万人を目標にしてきたが，2015年にすでに約2000万人に増加したため，2020年の目標を4000万人に引き上げた．実に2013年から7年で4倍の増加を目指すもので，世界でも稀な高い伸び率を目指している（図13-2）．

### 2　地方活性化への期待

　日本の観光が訪日外国人旅行に軸足をおくようになったのは，人口減少による地方衰退の懸念があるからである．観光庁が観光交流人口の増大の重要性をその経済効果から強調しているが，それは定住人口が1人減少することによる

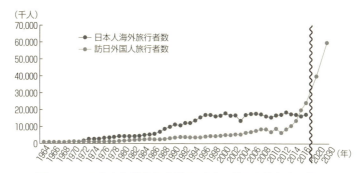

図13-2　日本人海外旅行者数及び訪日外国人旅行者の推移
(出所) JNTO [2017b].

年間消費額の消失が外国人旅行者の増加によって補えるということである．外国人旅行者の消費額は，為替，滞在日数，物価などによって変動するためその比較が難しいが，大体，国内旅行者（宿泊）の2〜3倍，国内旅行者（日帰り）の8倍以上を消費しており，定住人口の減少分に相当する外国人旅行者数の確保が公共政策的にも有効である．4000万人時代とは，単純に2015年の1974万人を2倍にするということになるが，『観光経済新聞』[2]が今年の注目テーマの1つとして取り上げている"外客"の記事の中で次のように述べている．日本人の延べ宿泊者数に変化がないとすると，延べ宿泊者数全体に占める外国人の割合が15年の13.0％から2020年には31.3％を占め，延べ宿泊者数の3人のうち1人が外国人旅行者になるということになる．地方の観光振興において外国人旅行者の誘致は，今後さらにその重要性が高まっていくことが予想される．

## 3　訪日外国人旅行者の誘致に重点

JNTOでは，訪日外国人旅行のマーケットとして韓国，中国，台湾，香港，フィリピン，ベトナム，タイ，マレーシア，シンガポール，インドネシア，インド，豪州，カナダ，米国，ロシア，ドイツ，フランス，英国，イタリア，スペインなど20カ国・地域をターゲットに設定しプロモーションを展開している．半数以上がアジアであるが，その理由はアジアが生産だけでなく，消費においても世界経済の成長エンジンとして着実に世界経済の成長を後押しているからである．特にアジアでは東アジアと東南アジアの経済規模が大きく，東アジア経済

が最も大きなウェイトを占めるようになったが，アジア諸国の戦後50年は独立と解放を目指し，それを成し遂げた時期であり，国民国家建設の半世紀であった．西川 [1998] によれば，この時期は「停滞する」アジアからの脱却であり，「抵抗する」アジアを経て，いまや「発展成長する」アジアへと飛躍している．21世紀の現在，この地域の国々にも，経済的な発展の差異が顕在化し始め，それに合わせて発展する国へ国境を越えて発展途上の国の人々が移動する事例も目立ち始めている．同時に，近隣諸国間で政治経済的な結びつきを深める動きが盛んになっており，新しい経済発展段階を迎えている．中でも今後の訪日外国人旅行成長のカギを握るのがASEAN諸国であるが，経済の基礎となる労働力人口に加え，経済統合による貿易の拡大，海外の資本や技術の取り込みなどによる経済成長が実現できれば，海外旅行者が大きく伸びていく可能性が高く，ASEAN諸国をターゲットとする世界的な誘致競争が激しさを増していくと予想される．

### 4　変動しやすい人流

　国際観光は，物の流れ（物流）と違って人の流れ（人流）であるため，様々な要因の影響を受けやすい．出発地（国）の経済状況や為替変動，到着地の治安，伝染病などは人流の増減に大きな影響を与える．これまで原油高騰に伴う燃油サーチャージの値上げやリーマンショック後の世界的な金融危機と景気後退，アジア地域での新型肺炎SARS（重症急性呼吸器症候群），新型インフルエンザの発生，戦争やテロなどは日本人海外旅行と訪日外国人旅行が大きく変動する要因となった．また最近のアベノミクスによる円安や中国，東南アジアへのビザ発給要件の緩和などのような制度の措置やLCCを含む航空路線の開設，イスラム教圏（主にインドネシア，パキスタン，インド，マレーシア等）からの訪日外国人旅行者を受け入れるためのハラル法に基づく食材や料理などのような取り組みによって人流が変わることもある．

## 3　訪日外国人旅行者の全国と九州の動向

### 1　存在感が増すアジア

　訪日外国人旅行は，1000万人を突破した2013年以降，右肩上がりに増加している．2003年1月に小泉首相は施政方針演説で「2010年までに訪日外国人旅行

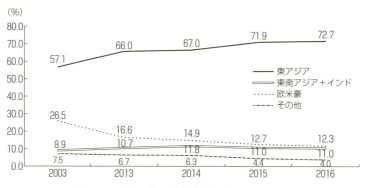

図13-3　訪日外国人旅行者の市場別シェア

(出所) JNTO [2017a].

者数を1,000万人に増やす」ことを目標に掲げた．その実行のため首相の主宰で観光立国懇談会が立ち上げられ，その後に関係閣僚会議で観光立国行動計画が決定されるとともに，国土交通大臣が観光立国担当大臣に任命された．まさに2003年は日本における「観光立国元年」と言える．2003年から訪日外国人旅行者を市場別にみると，アジア，特に東アジアのシェアが大きく伸びている（図13-3）．アジアが伸びている中で欧米豪は相対的に割合が低下している．東アジアが占める割合は2003年に57.1％から2016年に72.7％となり，東南アジア＋インドの11.0％を合わせると83.7％と，アジアの存在感が益々高まっている．

## 2　アジアの占める割合が特に高い九州

訪日外国人旅行者が最も多い国・地域は，2013年までは韓国，14年は台湾であったが，15年は中国が首位となった．16年は2位の韓国より約130万人多い637万人で全体の26.5％を占めている．訪日客の多い中国，韓国（21.2％），台湾（17.3％）の上位3カ国・地域が訪日外客数全体のおよそ2／3を占めている．

この3カ国・地域の割合が高い訪日外国人旅行であるが，これを九州で見ると，主に日帰りのクルーズ客が多く，国籍非開示の「船舶観光上陸」を含めた割合では，東アジアが55.9％を占め，船舶観光上陸を除くと東アジアが90.1％で中国，韓国，台湾の上位3カ国・地域が全体の82.0％を占め，中でも韓国が約60％と突出している（図13-4，図13-5）．

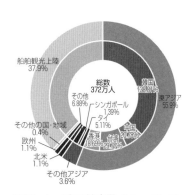

図13-4　訪日外客数のシェア（船舶観光上陸を含む）

（出所）JNTO［2017a］.

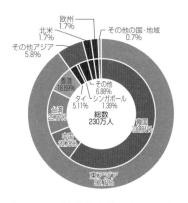

図13-5　訪日外客数のシェア（船舶観光上陸を除く）

（出所）図13-4と同じ.

## 3　韓国人旅行者の比率が高い九州

　訪日旅行が初めての外国人旅行者の多くは，ゴールデンルートに代表される東京，富士山，大阪，京都などのコースを廻る．韓国人旅行者は，リピーターが多いこともあるが，九州を訪問する割合が他の国・地域と比べてずば抜けて高い傾向にある．その理由は，何と言っても地理的要因と交通手段の多様化が大きい．韓国では1989年に海外旅行の自由化が実施され，1991年に博多と釜山間に高速船「ビートル2世」の運航が開始されてから，日韓の交流人口が大きく増加し，現在では日常の延長で異国での非日常性を楽しむ韓国人が多い．韓国南部の釜山から200kmの距離にある福岡（博多）までは，福岡―鹿児島間のおよそ220kmより近く，非常に近接している．

　九州を訪れた韓国人旅行者の推移をみると，2000年の20万人が2005年から大きく伸びはじめ，2007年に60万人に達した．その後はアジア通貨危機，日韓の政治的な問題等により小康状態が続き，2014年に80万人になってからは右肩上がりで増え，2016年には約140万人が九州に入国し，2000年から16年間で7倍増となった．2番目に多い台湾からは，2012年に前年比63.5％増と大きく伸びはじめ2016年には約30万人となった．中国からは，2010年に前年比73.6％増加した時があったが，2010年9月，尖閣諸島沖で中国漁船が海保巡視船に衝突，2012年9月，日本政府による尖閣諸島の「国有化」への反発による影響でそれ

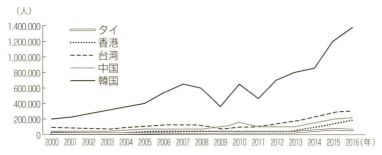

図13-6　九州の外国人旅行者の国・地域別推移

(注)「訪日外国人旅行者」とは，国籍に基づく法務省集計による外国人正規入国者数から日本に居住する外国人を除き，これに外国人一時上陸客（乗っている船舶，航空機が同一の出入国港にある間72時間以内に限ってその近傍に上陸する者で，「寄港地上陸の許可」を受ければよいとされている）等を加えた入国外国人旅行者のことである。「外国人入国者」とは，新規入国の外国人に再入国者（「再入国者」とは，日本に就労，勉学等で中長期にわたり在留している外国人で，里帰りや観光・商用で一時的に日本を出国し，再び入国する方を言う）を加えた数である。「船舶観光上陸」クルーズ船による入国者の国籍は非開示だが，多くが中国国籍と考えられる。なお，クルーズ船入国者数は，2014年までは出入国管理統計の特例上陸許可の寄港地上陸を，2015年以降は船舶観光上陸を計上。
(出所) 法務省「出入国管理統計」。

ぞれの翌年に大きく減少した。2014年以降は，安定的に増加している（図13-6）。

## 4　クルーズ船寄港の増加

九州の訪日外国人旅行のもう1つの大きな特徴は，クルーズ船寄港の増加である。2015年より急増しており，2016年のクルーズ船の寄港回数は，外国船社運航のクルーズ船が1443回（前年比49.5％増），日本船社運航のクルーズ船が574回（17.4％増）となり，合計は過去最多の2017回（前年比38.7％増）である。クルーズ船により入国した外国人旅客数は，過去最多の約199.2万人（前年比78.5％増）となった（表13-1）。

2016年の九州への入国者数372万人のうち，クルーズ船での入国者数は141万人で九州全体の37.9％を占め，韓国人入国者の37.3％を上回る。クルーズの乗船客の国籍は非開示であるが，発着地の多くが中国の海岸地域であり，中国国籍が多くを占めていると考えられる。[3]

中国の経済発展による国民所得の向上に伴い，海外旅行のニーズと需要が大きく伸びている。これにLCCによる航空運賃の低廉化が相乗効果を発揮してい

表13-1　港湾別外国クルーズ船の寄港数

| 順位 | 2014年 | | 2015年 | | 2016年 | |
|---|---|---|---|---|---|---|
| | 港湾名 | 回数 | 港湾名 | 回数 | 港湾名 | 回数 |
| 1 | 博多 | 99 | 博多 | 245 | 博多 | 312 |
| 2 | 長崎 | 70 | 長崎 | 128 | 長崎 | 190 |
| 3 | 石垣 | 69 | 那覇 | 105 | 那覇 | 183 |
| 4 | 那覇 | 68 | 石垣 | 79 | 石垣 | 91 |
| 5 | 横浜 | 48 | 鹿児島 | 51 | 平良 | 84 |
| 6 | 神戸 | 32 | 神戸 | 42 | 鹿児島 | 80 |
| 7 | 小樽 | 31 | 横浜 | 37 | 佐世保 | 62 |
| 8 | 鹿児島 | 29 | 佐世保 | 34 | 横浜 | 41 |
| 9 | 函館 | 27 | 広島 | 25 | 広島 | 34 |
| 10 | 釧路 | 21 | 大阪 | 18 | 神戸 | 32 |
| | その他 | 159 | その他 | 201 | その他 | 334 |
| | 合計 | 653 | 合計 | 965 | 合計 | 1,443 |

（出所）国土交通省「訪日クルーズ旅客数とクルーズ船の寄港実績」．

るが，クルーズにおいても大型化が進み，旅行会社間の価格競争の激化による低価格のクルーズ商品が拡大した．その結果，クルーズツアーの大衆化が進んでいるが，今後旅行ニーズの多様化，高度化が進行し，高価格のクルーズ商品も含めて大きく伸びていく可能性が高い．

## 4　アジア大交流時代の到来

### 1　国際観光と域内観光

　UNWTOの長期予測では，国際観光到着者数は伸び続け，2020年に13.6億人，2030年には18億人に達するとしている（図13-7）．行き先については，東アジア・大洋州，南アジア，中東，アフリカ地域に向かう観光客の伸びが大きい．とはいえ，世界の国際観光をリードしてきているヨーロッパが占める割合は，年々下がってはいるものの依然として2020年に45.6％と高い予測である（図13-8）．
　ヨーロッパが国際観光の大半を占める理由は何か．それはEUの域内観光が盛んであるからである．EUの域内観光は，他の地域と比べて割合が高い．フ

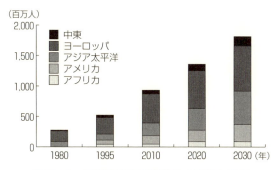

図13-7　国際観光客到着者数の実績と予測
(出所) UNWTO「Tourism Highlights 2017」.

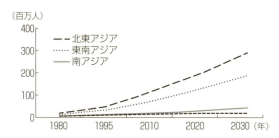

図13-8　アジア太平洋地域の国際観光客到着者数
(出所) UNWTO「Tourism Highlights 2017」.

ランスを例に見ると，訪仏外国人旅行者数を出発地の地域別にみると，85％がヨーロッパ圏内からである．訪日外国人旅行者のアジア圏内からの割合も約85％を占めているが，フランスと日本それぞれを訪れる旅行者の多い国の数に大きな違いがある．フランスでは，上位5カ国の合計が全体の半分強を占めているが，日本では上位3カ国・地域が65％を占める「少数地域・国多人数型」の受け入れが特徴である．

　ヨーロッパでは，経済的条件に恵まれた国々が多くあること，イギリスを除いてそれらの国々が陸続きで接し合うという地勢上移動しやすい条件があること，さらにEU加盟国自体が自由な移動を勧めていることが域内観光の発展を促した．特にEUにおいては，域内観光はシェンゲン協定やユーロにより一部

の加盟国の市民にとっては便利なものになっており，欧州連合のすべての市民は査証なしで域内を移動する資格がある．国別に見ても，フランスは国外からの観光客の目的地としては世界一であり，続いてスペインが第3位，イタリアが第5位，イギリスが第6位となっている．

今後，東南アジアの経済が発展していくと，海外旅行，特に域内観光が増え，訪日外国人旅行においても居住国が多様になることが予想される．ヨーロッパ域内の観光都市を訪問する短期旅行（シティーブレイク）は気軽な旅行として定着しているが，アジアと近い九州はこのような観光旅行スタイルに適した地理的優位性があり，その発展が大きく期待できる．

## 2　これからの世界の国際観光

世界観光の需要が本格的に拡大し始めたのは1990年代に入ってからである．世界経済がグローバリゼーションの時代を迎え，国際貿易が活発に行われ，国境を超える人の移動が盛んになった．これを担ったのがアジアである．アジアでは経済成長に伴い，韓国，台湾，香港，シンガポールなどのNIES（新興工業経済地域）が，新しい外国旅行者の送出市場として登場し，1989年の国際観光到着者数は1980年の1.5倍に増加した．これまで，アジアの国・地域の中で海外旅行の自由化が実施されたのは日本（1964年）のみで，台湾では，1976年に商用での海外渡航，1979年に海外観光旅行の自由化以降，制限緩和が実施され，特に1987年末の中国本土への親族訪問許可を皮切りに本格的な外国旅行時代が始まった．その後，韓国では1989年に外国旅行完全自由化が実施され，1990年代の拡大の基盤となった．中国では，1983年に香港，84年にマカオへの親族訪問旅行が許可され，90年にはシンガポール，タイ，マレーシア，92年にはフィリピンへの旅行が解禁された．当時は，親族訪問を目的とする旅行のみが許可されていたが，97年7月には法整備が図られ，これらの地域への団体旅行が正式に解禁され，私用旅行者が大きく伸び始めた．

訪日旅行の3大マーケットである韓国，中国，台湾の他にもアジアには高い経済成長率を記録しているタイ，インドのような新興工業国があるが，これらの国では平均的に一人当たりの所得が上昇しており，国際観光需要の拡大につながることが期待されている．UNWTOによると，2010年から2030年の間，新興国・地域におけるデスティネーションの到着数（年4.4％増）は，先進国・地域におけるデスティネーションの到着数（年2.2％増）の2倍の速さで増加する．

新興国・地域のシェアは，1980年の30％から2015年には45％に拡大しており，2030年には57％まで伸び，国際観光客到着数は10億人を超えると予測している．

　九州はアジア，特に韓国との近接性という立地から，九州に入国する訪日外国人は，韓国人が圧倒的に多い．また，中国の沿海地域からのショットクルーズに適したコース設定の容易さからクルーズからの入国者が半数を占めている．今後，これまでの漢字圏からの観光旅行が東南アジアに拡大し，これらの国々が観光マーケットとして成長していくことは，これらの国々からの外国人留学生の増加からも十分に予測できる．

　国際観光は為替レートや国際情勢などの影響を受けやすいため安定的な発展を図ることが重要である．九州では，2005年に九州に所在する7つの県と経済界によって，九州の観光推進のための一元的な公的組織として「九州観光推進機構」が設立され，海外に対しても九州ブランドの広報宣伝活動，観光資源の品質向上，そして観光客受け入れ体制の整備等を行っている．九州一体なった取り組みを強化し，早急に外国人旅行マーケットの多様化を図る必要がある［千 2012］．また，九州ではクルーズ客船の寄港が大きく増加しているが，東南アジアからの訪日外国人旅行のさらなる増加に対応できる人材育成にも取り組んでいく必要がある．

注
1）日本と他の国との観光交流のことを知りたければ，政府や政府系機関のHPにアクセスして，情報を得ることもできる．観光機関である国土交通省観光庁の他にJNTO，地方の運輸局（九州でいうと「九州運輸局」）などから観光データを得ることができる．出入国関係は法務省から旅行者の出入りを知ることができる．また，世界の国際観光については世界観光機関（UNWTO）にアクセスするのも良い．
2）「焦点　2017年の注目テーマ」『観光経済新聞』2017年1月1日付．
3）クルーズ船での入国者は，2014年までは出入国管理統計の特例上陸許可の寄港地上陸として，2015年以降は船舶観光上陸として計上．但し，クルーズ船入国者の中に含まれている数次ビザ取得者などは除外されており，実際の入国者数より少なくなっている．
4）シェンゲン協定とは，EUの加盟国間で国境での出入国管理をなくして，人やモノの行き来をもっと自由にするというもの．イギリスとアイルランドはシェンゲン協定に加盟していないため隣国のフランスやベルギーから入る時は入国審査がある．

## 参考文献・資料

JNTO［2017a］「アジア6 市場編」「欧米豪9 市場編」「アジア新興市場編」『JNTO訪日旅行誘致ハンドブック2016』日本政府観光局.

―――――［2017b］『日本の国際観光統計（2016年）』日本政府観光局.

千相哲［2012］「九州の観光産業と東アジア観光交流」, 東アジア学会経済部会編『東アジア地域経済協力と九州』東アジア学会.

西川長夫［1998］「国民国家とアジアの現在」, 西川長夫・山口幸二・渡辺公三編『アジアの多文化社会と国民国家』人文書院.

法務省「出入国管理統計」.

UNWTO［2017］『UNWTO Tourism Highlights』国連世界観光機関.

# 索　引

〈ア　行〉

安心院　39
阿蘇　33, 35, 37
　　──ファームランド　37
アーバンツーリズム　37
油屋熊八　57
天草　35
奄美群島　41
綾町　41
アライアンス　83
安定経済成長期　49
アンノン族　94
域内観光　188
異質性　139, 142, 143, 149
伊勢神宮　20, 23
指宿　35, 41, 55
癒し系　47, 49
臼杵石仏　37
嬉野　53
雲仙　33, 35, 54
エアビーアンドビー　135
HIS　132, 134
易経　2, 10
エクスペディア　135
エコツーリズム　40
LCC　83, 84
大阪　18
女将の会　155, 156
沖縄　20
小国　39
小田與吉郎　156
小値賀　39
おもてなし　115
オムニチャネル　136
オルタナティブ・ツーリズム　11
温泉　93, 103
　　──地域　47-50, 56
　　──都市観光地域　48, 57
　　──法　50, 51
　　──旅館　47, 48, 56
オンパク　57, 58
オンライン旅行販売　135

〈カ　行〉

加賀屋　146-150, 156, 160
　　──客室係十二訓　157
　　──の流儀　157, 159
学際的学問　8
鹿児島市維新ふるさと館　38
活性化　47
蒲江　39
「神宿る島」宗像・沖ノ島と関連遺産群　41
環境省　48
観光　2, 4
　　──温泉地域　48
　　──学　8, 10
　　──行動支援　78
　　──行動プロセス　78
　　──資源　29
　　──市場（──マーケット）　77
　　──政策審議会　2
　　──地　29
　　──地域　47, 55, 57
　　──ビジネス　75, 76, 78, 82, 87
　　──文化　13, 14, 24
　　──立国推進基本計画　79
　　──立国推進基本法　29, 79
　　──列車　80
　　国際──　184, 191
　　産業──　38
　　持続可能な──　106
危機遺産一覧表　167-171, 178
北九州市　38
キャリア開発　118, 119
九州
　　──横断道路　35, 56, 57
　　──観光推進機構　60-62, 70

ーー観光戦略　60-62, 73
ーークロスハイウェイ　38
ーー国立博物館　38
ーー地域戦略会議　60-62, 73
教育訓練開発　118
京都　18, 21
霧島　33, 35
近畿日本ツーリスト　22
熊本城　37
　ーー本丸御殿　38
グランドホテル　113
グリーンツーリズム　39
クルーズ　187
　ーー旅行　132
黒川　56
　ーー温泉　37, 41, 153, 159
軍艦島　41
顕著な普遍的価値　163-167, 171, 173, 175-177
交通機関　13
高度経済成長期　47, 48
顧客志向　153, 156, 159-161
　ーー経営　152, 153
顧客接点　145, 149
国民保養温泉地　47, 50-52
国立公園　33
ご当地グルメ　39
小間客　48, 49
コマーシャルホテル　112, 113
雇用管理　117

〈サ　行〉

災害　23
西海　35
佐賀城本丸歴史観　38
桜島　35
サーバクション・フレームワーク　139, 145, 146, 149
サービス
　ーー・エンカウンター　139, 144-146, 149, 150
　ーーの仕組み　139, 142, 144-146, 148, 149
　ーーの特性　139, 142, 149

ーーマネジメント　152, 153
サプライヤー　122
JTB　132-134
JNTO　181
シェンゲン協定　189
シーガイア　37
自粛　23
自然遺産　163-167, 174, 176, 177
師範学校　21
　東京ーー　21
修学旅行　3, 13-27
集客　58
宿泊旅行統計　41
消滅性　139, 142, 143, 149
新幹線　25
新婚旅行　92
人事情報管理　117
真実の瞬間　139, 144
人的資源　110, 116, 119
スカンジナビア航空　144
スキー　18, 19, 24
スターフライヤー　84
スポーツキャンプ　39
生活関連サービス業　124
聖地巡礼　39
世界遺産　40, 87
　ーー一覧表　163-167, 174-178
　ーー条約　163, 164, 176
世界観光機関（UNWTO）　2, 11, 181, 190
世界ジオパーク　41
世界自然遺産　40
世界農業遺産　41
世界文化遺産　41
戦争　20, 23
戦略　81
　競争ーー　81, 82
　協調ーー　83
　経営ーー　81
装置産業　114
ソーシャル・ツーリズム　10

## 〈タ　行〉

大衆化　13, 14, 24
ダイナミック・パッケージ　135
武雄　53
　　──温泉　33
旅　3
団体旅行　13, 24, 93
地域限定旅行業　134
地域資源　58
地域振興　47
地域づくり　56
地方創生　128, 133
ツーリズム（tourism）　2
　　ツーウェイ・──　132
　　ニュー──　11, 128, 133
　　マス・──（観光の大衆化）　4, 77
D&S列車　60, 61, 66-68, 70
DMO　134
ディスカバー・ジャパン　94, 95
テーマパーク　18, 19, 24, 37, 97, 98
添乗員　22
天皇・皇室　20, 21
TUI　124
東京ディズニーランド　17, 19
同時性　142, 143, 149
ドメイン　79, 81
トリップアドバイザー　135

## 〈ナ　行〉

長崎　16, 20
　　──歴史文化博物館　38
奈良　18, 21
虹ノ松原　37
西米良　39
日南海岸　34, 35
日中戦争　20, 23
日本標準産業分類　124
入湯手形　56
農産物直売所　39
農村民泊　39

## 〈ハ　行〉

ハウステンボス　37, 134
泊食分離　102
パッケージ旅行（ツアー）　77, 101
原鶴　52
ハラル　184
東アジア　182
東日本大震災　23
B級グルメ　39, 104
秘湯系　47, 49
広島　20
フィルムコミッション　39
不可分性　139, 142, 149
福岡市　37, 41
複合遺産　177
二日市温泉　33
ブッキングドットコム　135
フルサービス・ホテル　112
文化遺産　163-167, 175-177
文化的景観　174, 177
平和学習　18, 20
別府　33, 35, 37, 41, 57
　　──八湯温泉道　58
　　──八湯竹瓦倶楽部　59
ペンション　95
変動性　142, 143, 149
報酬管理　117
訪日外国人旅行　126, 127, 182, 184
木刀　25
ホスピタリティ・マネジメント　154
保養温泉地域　57
ボランティアツアー　107
本多静六　57

## 〈マ　行〉

MICE　85, 86
街歩き　104
松浦　39
見えざる輸出　6
道の駅　39
宮崎　34, 35, 37

――県立西都原考古博物館　38
無形性　139, 142, 149
宗像大社　41
明治日本の産業革命遺産　41
門司港レトロ地区　38

〈ヤ　行〉

屋久島　35, 40
山鹿温泉　33
やまなみハイウェイ　35, 37
ユニバーサル・スタジオ・ジャパン　17, 18
ユネスコ　164, 177
由布院　57
　――温泉　35, 41
吉野ヶ里遺跡　37

〈ラ　行〉

ランドオペレーター　123, 131

リゾート　37
リミテッドサービス・ホテル　112
留学生　15, 16
療養温泉地域　47, 48
旅館業法　111
旅行　3
　――業　124
　――業法　124
　――サービス手配業　131
歴史学習　18
レクリエーション　4
レジャー　4
労使関係管理　117, 118
労働意欲開発　118
労働条件管理　117

《執筆者紹介》（掲載順，＊は編著者）

＊千　　相　哲（セン　ソウテツ）［はしがき，第1章，第13章担当］
　　立教大学大学院社会学研究科博士後期課程単位取得退学．博士（社会学）．立教大学社会学部助手を経て，現在，九州産業大学副学長．専門は観光学．著書は『東アジア地域経済協力と九州』（共著，東アジア学会），『九州地域学』（編著，晃洋書房），『現代日本の地域変化』（共著，古今書院）など．

　平　山　　　昇（ヒラヤマ　ノボル）［第2章担当］
　　東京大学大学院総合文化研究科博士課程修了．博士（学術）．現在，神奈川大学国際日本学部国際文化交流学科准教授．専門は日本近代史．著書は『初詣の社会史』（東京大学出版会，第42回交通図書賞），『鉄道が変えた社寺参詣』（交通新聞社）など．

　田　代　雅　彦（タシロ　マサヒコ）［第3章担当］
　　九州大学大学院経済学府経済システム専攻博士後期課程単位取得退学．博士（経済学）．（公財）九州経済調査協会常務理事・調査研究部長を経て，現在，九州産業大学地域共創学部観光学科教授．専門は観光地理学．著書は『2003年版九州経済白書　新しい観光・集客戦略』（編著，九州経済調査協会）など．

　浦　　　達　雄（ウラ　タツオ）［第4章担当］
　　立正大学大学院文学研究科修士課程地理学専攻修了．博士（学術）．別府大学短期大学部，大阪観光大学を経て，九州産業大学地域共創学部観光学科教授を歴任．専門は観光地理学・温泉地理学．著書は『観光地の成り立ち──温泉・高原・都市──』（古今書院），「別府温泉郷の観光地域形成に関する研究」（クリエイツ．）など．

　高　橋　　　誠（タカハシ　マコト）［第5章担当］
　　北九州市立大学商学部経営学科修了．九州旅客鉄道，（一社）九州観光推進機構専務理事・事業本部長を経て，九州産業大学地域共創学部観光学科教授を歴任．専門は観光交通論．

　乾　　　弘　幸（イヌイ　ヒロユキ）［第6章担当］
　　北海道大学大学院国際広報メディア・観光学院博士後期課程単位取得退学．修士（経営学）．現在，九州産業大学地域共創学部観光学科教授．専門は観光経営学，ホスピタリティ・マネジメント，航空産業分析．著書は『入門観光学』（共著，ミネルヴァ書房）など．

　大　方　優　子（オオカタ　ユウコ）［第7章担当］
　　東京都立科学技術大学（現　首都大学東京）大学院工学研究科博士後期課程単位取得満期退学．博士（学術）．現在，九州産業大学地域共創学部観光学科教授．専門は観光行動，マーケティング．著書は『地域旅で地域力創造』（共著，学芸出版社）など．

　松　笠　裕　之（マツカサ　ヒロユキ）［第8章担当］
　　早稲田大学大学院社会科学研究科修了．修士（学術）．日本並びに外資系ホテル勤務を経て，現在，九州産業大学地域共創学部観光学科准教授．専門は国際経営学，ホテル経営学．著書は『1からの観光』（共著，碩学舎），『観光のマーケティング・マネジメント』（共著，ジェイティービー能力開発）など．

室岡祐司（ムロオカ ユウジ）[第9章担当]
九州大学大学院経済学府産業マネジメント専攻修了．経営修士（専門職）．㈱JTBを経て，現在，九州産業大学地域共創学部観光学科准教授．専門は旅行業経営論，旅行産業論．著書は『1からの観光事業論』（共著，碩学舎）．

加藤佳奈（カトウ カナ）[第10章担当]
立命館大学大学院経営学研究科博士課程後期課程単位取得退学．修士（経営学）．九州産業大学地域共創学部観光学科講師を歴任．専門はサービスマネジメント．

森下俊一郎（モリシタ シュンイチロウ）[第11章担当]
早稲田大学大学院社会科学研究科博士後期課程単位取得満期退学．博士（学術）．北陸先端科学技術大学院大学知識科学研究科博士後期課程早期修了．博士（知識科学）．日本HP（株）を経て，現在，九州産業大学地域共創学部観光学科准教授．専門はサービスマネジメント．著書は『第3世代のサービスイノベーション』（共著，社会評論社），『顧客志向経営の本質とその構造の解明』（関西学院大学出版会）など．

片瀬葉香（カタセ ヨウカ）[第12章担当]
早稲田大学大学院社会科学研究科地球社会論専攻博士後期課程満期退学．コロンビア大学地球研究所（The Earth Institute, Columbia University）客員研究員を経て，現在，九州産業大学地域共創学部観光学科准教授．専門はツーリズム，世界遺産，人新世．

九州観光学
――九州の観光を読み解く――

| 2018年4月30日 初版第1刷発行 | ＊定価はカバーに |
| 2022年4月15日 初版第2刷発行 | 表示してあります |

編著者　千　　相　哲ⓒ
発行者　萩　原　淳　平
印刷者　河　野　俊一郎

発行所　株式会社　晃洋書房
〒6150026　京都市右京区西院北矢掛町7番地
電話　075(312)0788番(代)
振替口座　01040-6-32280

装丁　クリエイティブ・コンセプト　印刷・製本　西濃印刷㈱
ISBN 978-4-7710-3058-9

JCOPY 〈(社)出版者著作権管理機構 委託出版物〉
本書の無断複写は著作権法上での例外を除き禁じられています．
複写される場合は，そのつど事前に，(社)出版者著作権管理機構
(電話 03-5244-5088, FAX 03-5244-5089, e-mail:info@jcopy.or.jp)
の許諾を得てください．

山田 良治 著
# 観光を科学する
——観光学批判——

A5判 78頁
定価 1,100円（税込）

野口 洋平 著
# 現代旅行のアーキテクチャ
——パッケージツアーの構造とその変化——

A5判 194頁
定価 3,630円（税込）

足立 基浩 著
# 新型コロナとまちづくり
——リスク管理型エリアマネジメント戦略——

A5判 160頁
定価 2,090円（税込）

岩崎 達也・高田 朝子 著
# 本気で，地域を変える
——地域づくり3.0の発想とマネジメント——

A5判 136頁
定価 1,650円（税込）

谷口 知司・福井 弘幸 編著
# ひろがる観光のフィールド

A5判 216頁
定価 2,750円（税込）

堀内 史朗 著
# 観光による課題解決
——グローバリゼーションと人口減少による歪みを越える——

A5判 246頁
定価 4,180円（税込）

千 相哲・宗像 優・末松 剛 編著
# 九州地域学

A5判 212頁
定価 2,750円（税込）

中村 忠司・王 静 編著
# 新・観光学入門

A5判 170頁
定価 2,200円（税込）

藤稿 亜矢子 著
# サステナブルツーリズム
——地球の持続可能性の視点から——

A5判 186頁
定価 2,420円（税込）

――――― 晃洋書房 ―――――